Kay „Glöckchen" Hanisch

NWoBHM – Der Start des Heavy Metal

NWoBHM
Der Start des Heavy Metal

Kay „Glöckchen" Hanisch

Inhaltsverzeichnis

NWoBHM? Was soll das heißen? Wie spricht man das aus? Welche Sprache ist das?

NWoBHM ist eine englische Abkürzung und steht für: New Wave of British Heavy Metal. In diesem Buch geht es also um die Musikrichtung Heavy Metal, kurz auch nur Metal genannt. Und ganz im Speziellen um die Zeit und Musik, die der Musikrichtung den Namen gab und wo sich die Metalkultur und Szene herausgebildet hat. Einer Zeit und Bands die dem Metal eine Hochzeit brachte, eine nie dagewesene und nie mehr erreichte Popularität. Es geht um Combos, die heute noch aktuelle Gruppen beeinflussen. Um eine Zeit und Bands, ohne die es den heutigen Metal gar nicht gäbe.

Dabei Blicken wir auf den Urschleim. Auf die Entwicklung der Rockmusik bis zum Heavy Metal. Ebenso werden Bands des NWoBHM hier vorgestellt.

Doch beginnen möchte ich mit einer kleinen Anekdote:

Ein Wintertag im Februar. Ich war auf dem Weg zur Arbeit. Wie jeden Tag bekleidet mit einer schwarzen Hose, einer schwarzen Jacke, meinen Kampfstiefeln und natürlich mit meiner Metal-Kutte. Auf dem S-Bahnsteig wartete ich auf meine S-Bahn. Ein Typ in Lederjacke mit Metalpins an dieser sprach mich mit den Worten „Schöne Kutte" an und Ich antwortete mit „Schöne Pins". So kamen wir ins Gespräch und da wir die gleiche Bahn nehmen mussten hatten wir gut 30 Minuten Zeit zum Schwatzen. Und worüber haben wir geratscht? Natürlich über Heavy Metal! Ich musste an ein Ausspruch denken, der dem Musikjournalisten und ehemaligen Redakteur der Musikzeitschrift „RockHard" Götz Kühnemund zugeschrieben wird:

„Wenn zwei Leute ü50 sich wie 15jährige über Musik unterhalten, dann müssen es Metaller sein".

So kam ich auf die Idee zu diesem Buch.

Um sich der NWoBHM zu näher und zu verstehen, müssen wir weit zurück. Bis zum Anfang des 20. Jahrhunderts. Ja das sind Jahreszahlen, die noch mit einer 19 beginnen! Wir müssen uns die Geschichte der Rockmusik ansehen und dabei werde ich auch (und gerne) abschweifen. Obwohl dieses Buch als NWoBHM heißt und sich diesem widmet wird es im gesamten Inhalt des Buches eher den kleinsten Abschnitt beinhalten. Verwirrt? Enttäuscht? Erst lesen, dann meckern. ;)

Das Buch hat zwei große Teile. Im ersten Teil geht es um die Entwicklung der Musikgenres hin zum NOWBHM und im zweiten werden Bands etwas genauer vorgestellt. Die Auswahl der Bands ist dabei natürlich völlig subjektiv. ;)

Machen wir uns auf den Weg zum Heavy Metal. Es wird eine interessante Wanderung durch die Musikgeschichte. Eine kleine Wanderkarte seht ihr hier:

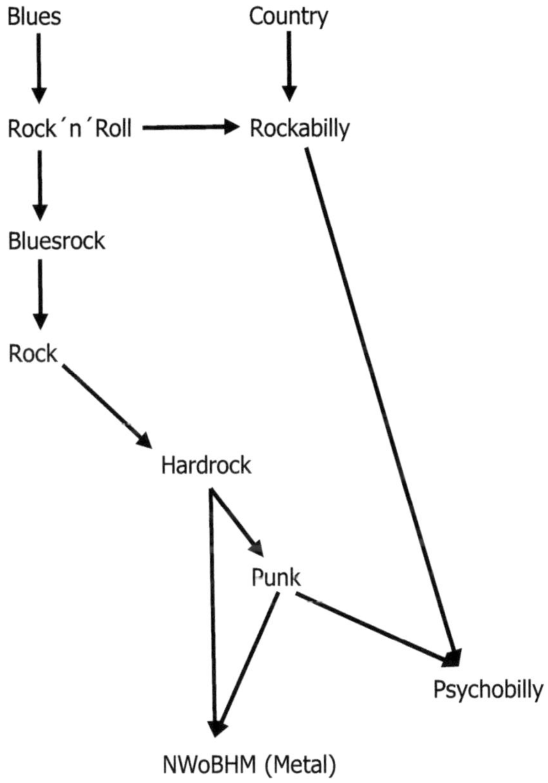

Machen wir uns auf den Weg – eine Reise durch Jahrzehnte, durch Klanglandschaften, durch Umbrüche.

Bevor die New Wave of British Heavy Metal Ende der 1970er losbrach, musste etwas entstehen, das sie möglich machte. Die Ursprünge des Heavy Metal liegen nicht an einem Ort und nicht in einem Song – sie liegen in vielen kleinen Umwegen, in Entwicklungen, Brüchen und Explosionen.

Dieser erste Teil ist wie eine Wanderkarte: Er zeigt die Routen auf, die Musiker einschlugen – vom Bluesrock über den Psychedelic Rock hin zum Hard Rock. Er erzählt von Bands, die den Boden auflockerten, den Verstärker aufdrehten, die Texte verdunkelten.

Manche Wege führen über Umleitungen, andere direkt zur Quelle. Doch alle münden in jenem Strom, der später unter dem Namen Heavy Metal ins Rollen kam.

Wer sich darauf einlässt, wird verstehen, warum der Weg dorthin genauso spannend ist wie das Ziel selbst.

Blues

Der Blues ist unbestritten die grundlegende Wurzel der populären Musik und kann als das Fundament von Genres wie Jazz, Rock 'n' Roll und Soul betrachtet werden. Seine Präsenz ist jedoch nicht auf diese offensichtlichen Nachkommen beschränkt. Selbst in zeitgenössischen Genres wie Hip-Hop, dessen musikalische Sprache sich deutlich vom Blues unterscheidet, lassen sich bei genauerem Hinhören Elemente dieser ursprünglichen Form erkennen. Der Einfluss auf die moderne Pop- und Rockmusik des Blues ist weit mehr als musikalische Elemente für den Rock 'n' Roll breitzustellen. Über den Rock 'n' Roll ist der Blues der Grundstein der Beat- und Rockmusik und somit von entscheidender Bedeutung. Ohne die Elemente des Blues, wie die Gitarre im Vordergrund, der typische Rhythmus und den emotionalen Gesang, die charakteristisch für den Blues sind, wären die verzerrten Gitarrenriffs, das kraftvollen Schlagzeug und die markanten Gesangsstile, die den Heavy Metal ausmachen, kaum denkbar. Darum ist der Blues der Urvater unserer Lieblingsmusik. Sein Einfluss reicht bis in die heutige Zeit. Seine Vorleistung für die heutige Rockmusik und damit für den Heavy Metal ist offensichtlich und nicht bestreitbar. So ist der Blues ein unverzichtbarer Bestandteil der Musikgeschichte und wird deshalb hier als erstes beschrieben.

Im späten 19. und frühen 20. Jahrhundert, in den Südstaaten der USA, liegen die Anfänge des Blues. In den Minstrel- und den Vaudeville-Blues-Shows am Ende des 19. Jahrhunderts entdecken wir bereits Teile des Blues. Als eigenständige Musik afroamerikanischer Kultur bedient sich der Blues nicht nur beim Gospel, Negro Spiritual und Work Songs (einschließlich Field Hollers), sondern nimmt auch Elemente afrikanischer, europäischer und karibischer Musik in sich auf. Anzeichen des Blues finden wir bereits in den Vaudeville- und Minstrel-Shows am Ende 19. Jahrhunderts. Die frühen Musiker waren noch mehr „Songster" (spezielle Form eines Wandermusikers in den Südstaaten die hauptsächlichen Balladen, Spirituals und beliebte Melodien vortragen), statt „Blueser". Sie spielten als Unterhalter auf Partys und öffentlichen Veranstaltungen und sorgten für Stimmung. Der frühe Blues war damit sehr vielseitig. Spezielle Blues-Songs kamen in den 1920er und 1930er Jahren auf.. Das ist eine Folge der durch Plattenlabels. Der Begriff „Blues" festigte sich in der Umgangssprache ca. 1910. In dieser Zeit sorgten zu einem großen Teil Sängerinnen wie Bessie Smith und Ma Rainey und der Komponist W.C. Handy dafür, das der Blues populär wurde. Die Kompositionen „Memphis Blues" und „St. Louis Blues" von W.C. Handy weckten breites Interesse. Er schrieb als einer der ersten Bluesstücke für Musiker und Sänger und arrangierte diese. Hervorzuheben ist auch die afroamerikanische Sängerin Mamie Smith. Bei Okeh Records nahm sie 1920 den Song „That Thing Called Love" auf. Was als die erste Bluesaufnahme eines afroamerikanischen Interpreten. Der Song „Crazy Blues" von ihr wurde zum Millionenseller und machte den Begriff „Blues" welthin bekannt. So legte sie den Grundstein für die Karriere vieler weiterer Künstler wie Bessie Smith oder Ma Rainey. In derselben Zeit kamen Gitarrenvirtuosen wie Blind Lemon Jefferson und Big Bill Broonzy und schufen so den sogenannten Folk Blues. Als Vater des sogenannten Delta Blues wird Charley Patton angesehen. Robert Johnson, ein Musiker, der dem Delta Blues zugeordnet werden kann, wurde erst lange nach seinem Tod einem breiten Publikum bekannt, als weiße Musikliebhaber seine Musik in den 1950er und 1960er Jahre für sich entdeckten.

Als afroamerikanische Musiker in die großen Städte des US-amerikanischen Norden Chicago und Detroit zogen, entstand dort der sogenannte Urban Blues durch die Verschmelzung von Blues und Jazz. Ein wichtiger Schritt zum Rock ´n´ Roll vollzog sich in den 1940er und 1950er Jahren, als Künstler wie Muddy Waters und Howlin' Wolf anfingen durch den Einsatz elektrischer Verstärker und elektrischer Gitarren den Country Blues mehr oder weniger zu verfeinern. Die akustische Bluesmusik, besonders der akustische Country Blues, fand in den 1950er Jahren trotz "Elektrisierung" ein Revival in der Folkbewegung. Bluesgrößen wie John Lee Hooker wurden in Europa bekannt. Gleichzeitig trugen Radiomoderatoren wie Alan Freed zur Popularität des elektrischen Blues bei weißen Jugendlichen bei. Weiße Musiker entdeckten in den 1960er Jahren auch auf Grund massiver gesellschaftlicher Umbrüche und vor allem in Großbritannien, den Blues für sich. Eines der berühmtesten Beispiele dafür dürfte die britische Band The Yardbirds sein. Eric Clapton, Jeff Beck und Jimmy Page begannen ihre Karriere bei den Yardbirds. Letzterer gründete nach den Yardbirds die Band Led Zeppelin, welche auf die Entstehung des Metal noch großen Einfluss nehmen sollte. Bands wie Led Zeppelin und die Rolling Stones trugen den Blues in seiner veränderten Form des Blues Rock zurück nach Amerika.

Rock´n´Roll

Ganz einfach gesagt ist der Rock´N´Roll nichts weiter, als ein schnelle gespielter Blues und entstand in den 1950er Jahren. Der Rock´N´Roll ist die Urform, der Startschuss, der Rockmusik und einer von Musik geprägten Jugendkultur. Die Entstehung des Rock´N´Roll geht einher mit der Entstehung und dem Lebensgefühl einer rebellischen Jugendkultur. Mit dem Rock´N´Roll bilden sich auch die typischen Besetzungen einer Rockband: Charismatischer Sänger oder charismatische Sängerin, Gitarre, Bass und Schlagzeug. Beim Rock´N´Roll kam oft noch ein Klavier und gelegentlich ein Saxophon dazu. Ein treibender Beat und eingängige Gitarrenriffs mit einem rauen Gesang waren die Merkmale des Rock´N´Roll und sind es in der Rockmusik, vor allem aber im Metal, bis heute noch.

Zunächst noch in Literatur und Filmen zu erkennen, entstand in den späten Jahren des 4. Jahrzehnt im 20. Jahrhunderts eine Jugendkultur die sich von der Generation ihrer Eltern distanzierte. Eine rebellische Jugendkultur die sich mit Freiheit, Underdog-Dasein, Rastlosigkeit und auch Drogen identifizierte. Doch bald schon wurde die Musik, der Rock´N´Roll, zum Sprachrohr dieser Jugend. Den Durchbruch des Rock ´N´ Roll verschaffte Bill Haley durch den Song „Rock Around the Clock" 1954/55. Sein Song traf den Nerv der Zeit. Er füllte das damals herrschende gesellschaftliches Vakuum. Weltweit erfolgreich wurde der Rock´N´Roll 1955. Der Grund dafür war der in diesem Jahr herausgekommene Film „Die Saat der Gewalt" (Originaltitel: „Blackboard Jungle"). Die neue Jugendkultur Rock-´n´-Roll war sehr umstritten und wurden von den älteren Generationen als Bedrohung empfunden. Die damaligen Stars des Rock´N´Roll, z.B. Chuck Berry, Little Richard, Jerry Lee Lewis oder Elvis Presley, brachen mit gesellschaftlichen Konventionen, indem sie mit ihrer Musik, ihren Frisuren und (angeblichen) sexuelle Gesten provozierten. Zusätzlich erhöhten Skandale, Drogenkonsum und kriminelle Machenschaften Druck von Öffentlichkeit und Staat. Das führte am Ende der 1950er Jahre zur rigorosen Missbilligung Rock´N´Roll. Als dann noch Buddy Holly, Ritchie Valens und Big Bopper 1959 durch einen Flugzeugabsturz starben, war das Ende der ersten Rock-'n'-Roll-Ära endgültig. Doch die Büchse der Pandora war geöffnet und ließ sich nicht mehr versließen. Von Großbritannien aus lebte diese Jugendkultur in den 1960er Jahren wieder auf, begünstigt von der Industrie, die die Jugend als Konsumenten entdeckte. Todgesagte leben länger. So ein Sprichwort. Neben der Beatmusik erlebte der Rock´N´Roll in den späten 1960er und frühen 1970er Jahren ein Revival. Musiker wie Shakin' Stevens & The Sunsets, später Crazy Cavan und Matchbox belebten den Stil neu. Auch in Deutschland feierten Künstler wie Ted Herold und die Spider Murphy Gang Erfolge.

Im Laufe der Zeit änderte sich der Begriff "Rock´N´Roll". Ab den 1970er Jahre bezeichnete er nicht mehr den Musikstil aus den 50er, sondern steht seitdem eher für eine Spielart des Rock, die sich durch Einfachheit und Ursprünglichkeit auszeichnet. Das bekannteste Beispiel dafür dürfte Motörhead sein. Lemmy, Frontmann von Motörhead begann Konzerte (fast) immer mit den Worten: "We are Motörhead and we play Rock´N´Roll!" Heute wird, außer für die Musik aus den 50er, aber eher der verkürzte Begriff "Rock" benutzt.

Fazit: Als unmittelbares Kind der Blues und erste Musikrichtung die "nebenbei" auch eine ganze Jugendkultur und dessen Lebensgefühl darstellt hat der Rock´N´Roll die Musikwelt mehr als nachhaltig geprägt. Kann der (frühe) Blues noch als

"Folklore" angesehen werden, so ist der Rock´N´Roll endgültig
der Startschuss aller moderner Pop- und Rockmusik. Ein Synonym für Rebellion, Unangepasstheit und vor allem auch für Freiheit.

Bluesrock

Die Beatmusik führte das Lebensgefühl und das rebellische des Rock´N´Roll weiter und das erste Revival des Rock´N´Roll ließ noch auf sich warten. Doch Beat ist für viele Rockfans kein "echter" Rock. Mitte der 1960er Jahre vermischten Bands, wie z.B. die 1962 gegründeten Rolling Stones, die Musik ihrer Idole, Blues-Größen wie Elmore James, Howlin' Wolf und Muddy Waters, mit ihrer Rockmusik. Diese aufregende Mischung wird Bluesrock genannt. Eine Vorreiterrolle für den Bluesrock spielte Link Wray. Mit seiner Band Link Wray & His Wray Men erschuf er das kraftvolle instrumentale Bluesstück "Rumble", das 1958 Platz 16 in den Billboard Hot 100 erreichte. In Großbritannien und Amerika entwickelte sich der Bluesrock unterschiedlich weiter. Anfang der 1970er Jahre wurde der Bluesrock härter. In Britannien ging die Entwicklung zum Hardrock, während in Amerika sich der Southern Rock entwickelte.

Die typische Bandbesetzung bei den Bluesrockbands schafft durch Verschlankung die typische Besetzung in der Rockmusik. E-Gitarre, E-Bass und Schlagzeug. Piano und Bläser fallen weg. Den Gesang übernimmt meist der Gitarrist. Der Bluesrock hat gegenüber dem Blues einen härten und rifforientierten Sound mit prägnanten Gitarrensoli und einem Songschema aus improvisierte Blues- und Boogie-Woogie-Schemata.

Musiker wie Alexis Korner und John Mayall können als die führenden Künstler der britischen Szene angesehen werden. Aber sie sind nicht die einzigen die den Bluesrock von der Insel prägten. Soundtechnisch setzten Bands wie Cream, die Yardbirds und Fleetwood Mac Maßstäbe für den Bluesrock. Weitere Größen des Bluesrock aus Britannien sind Namen, die jeder Rockfan mit Ehrfurcht erfüllen wird: Eric Clapton, Jeff Beck und

Jimmy Page. Sie trugen zu einem großen Teil zur Popularisierung des Bluesrock bei. In den USA beeinflussten und trieben Künstler wie Johnny Winter, Paul Butterfield, Mike Bloomfield und Jimi Hendrix. Vor allem das virtuose Gitarrenspiel von Jimi Hendrix trieb den Bluesrock in Amerika voran. Die Verschmelzung des Bluesrock mit dem Countryrock zum Southernrock brachte Bands wie die sehr genialen ZZ Top oder Lynyrd Skynyrd hervor.

Eine Wiederbelebung erfuhr der Bluesrock in den 1990er Jahren durch Musiker wie den Gitarristen Joe Bonamassa. Bands The Black Keys und The White Stripes halten nicht nur die Tradition des Bluesrock am Leben, sondern frischen ihn damit auf, das er zusammen mit Garage Rock, Indie-Rock, Crossover und Low Fidelity gespielt und vermischt wird. In der argentinischen Rock-Nacional-Szene ist der Bluesrock ebenfalls sehr populär. Der Bluesrock entwickelt sich immer noch weiter, ohne seine Wurzeln zu verlieren. Er ist fester und wichtiger Bestandteil der Geschichte der Rockmusik und eine sehr prägende Station für die Entwicklung des Metal. Und es überrascht nicht, dass sich der Bluesrock einer anhaltenden Popularität erfreut.

Country

Ja, nun schweifen wir etwas ab. Aber die Country-Musik verschmolz mit dem Blues zum Rockabilly, welcher sich mit dem Punk zum Psychobilly vermischte. Da der Punk in seiner Verschmelzung mit dem Hardrock zum Metal führte, finde ich, dass wir uns diesen "Nebenarm" der Entwicklung der Rockmusik auch ansehen sollten. (Wer sich für diesen „Nebenarm" nicht interessiert, der kann ja gleich zum Hard Rock springen.)

Wie der Blues ist auch die Country-Musik tief in der amerikanischen Kultur verwurzelt. Die faszinierende Entwicklung geht bis in das frühe 20. Jahrhundert zurück. Die europäischen Einwanderer, vor allem aus Irland und England, brachten ihre Volksmusik mit. Es setzte ein Prozess ein, wo sich Old-Time Music der südlichen Appalachen, der Blues (ja auch hier hat der Blues seine Finger im Spiel) und die urbane Musik aus den Städten sich zur Country-Musik verschmolzen. Die Bezeichnung "Country & Western" ist so nicht wirklich korrekt. Die Westernmusik ist zwar sehr stark vom Country beeinflusst, aber die Westernmusik ist eigentlich kein Untergenre des Country. Zu der Bezeichnung "Country & Western" ist es gekommen, weil das amerikanische Billboard-Magazin Titel aus den Genres Country- und Western-Musik in den 1940er Jahren gemeinsam in einer Charts-Liste aufgelistet hat. Dabei ist die Country-Musik sehr vielschichtig und lässt sich in drei Hauptströmungen aufteilen:

- Die Traditionalisten halten die Ursprünge des Country lebendig, indem sie die musikalischen und textlichen Traditionen bewahren.

- Die Erneuerer experimentieren mit neuen Klängen. Mit für den Country neuen Instrumenten und Ausdrucksformen erweitern sie das Spektrum der Country-Musik.
- Die Kommerzorientierten wollen den finanziellen Gewinn maximieren. Dazu bringen sie den Country in die Nähe zur Popmusik und versuchen so ein breiteres Publikum zu erreichen.

"three chords and the truth" (drei Akkorde und die Wahrheit), ein Ausspruch, der dem Country-Musiker und Komponist Harlan Howard zugesprochen wird beschreibt das Wesen der Country-Musik sehr, sehr genau. Aber so einfach wollen wir es uns nicht machen und einen etwas genaueren Blick auf die Musik werfen. Saiteninstrumente wie Gitarre, Banjo, Mandoline, Kontrabass und Fiddle werden traditionell und oft im Country verwendet. In der weiteren Entwicklung des Country erweiterte sich das Spektrum der Instrumente um Akkordeon, Klavier und Mundharmonika. Zeitgenössische Musiker integrieren Elemente und Instrumente der Rockmusik, wie E-Gitarre, E-Bass und Schlagzeug, in den Country und schufen so den Countryrock. Musikalisch sind Country-Songs oft von einer harmonischen Einfachheit und haben eine eingängige Melodie. Textlich kann man Country-Musik mit der volks- und volkstümlichen Musik gleichsetzen. Themen wie Liebe, Verlust, Familie und Heimat stehen im Vordergrund. Es werden Geschichten aus einem ländlichen und/oder kleinbürgerlichem Kontext oft mit einer Prise Moral und Patriotismus serviert.

Country ist heute ein milliardenschweres Geschäft. Der größte Markt ist die USA. Auch hier können wir einen Vergleich zum deutschsprachigen Markt für volkstümliche Musik (z.B. auch Schlager) und Volksmusik anstellen. Der sogenannte New

Country, der sich an die Pop- und Rockmusik annähert, breitet sich seit den 1990er Jahren auch international stark aus. 1920 nahm in den USA, in Pittsburgh, der erste kommerzielle Radiosender seinen regelmäßigen Sendebetrieb auf. Ab 1925 gab es elektrische Aufnahmeverfahren was die Kosten der Schallplattenaufnahme dramatisch reduzierten und die Klangqualität enorm verbesserte. Mit dem Radio und der kostengünstigen Schallplatte begann auch die Kommerzialisierung der Country-Musik. Der dadurch hervorgerufene Erfolg der Country-Musik führte dazu, dass diese einen tiefgreifenden Einfluss auf die amerikanische Musiklandschaft und Kultur hatte. Durch die Vermischung von Country und Rock ´N´ Roll zum Rockabilly und durch den Einfluss des Punks und damit zur Entstehung des Psychobilly hat der Country auch einen starken Einfluss auf die europäische Rockmusik ausgeübt, denn die Psychobilly-Welle ging von England aus und verfestigte sich auf dem europäischen Festland, da vor allem in Frankreich, Dänemark, den Niederlanden und Deutschland. Einen weiteren starken weltweiten Einfluss hatte der Country auch durch seine Verschmelzung mit dem Bluesrock zum Southernrock und dem weltweiten Erfolg von Bands wie ZZ Top und Lynyrd Skynyrd.

Rockabilly

Weiter geht es auf unserem kleinen Umweg auf dem Nebenarm. Eine Spielart des Rock 'N' Roll ist der Rockabilly. Er entstand kurz nach dem Rock 'N' Roll in der Mitte der 1950er Jahre in den Südstaaten der USA. Ein Grund dafür ist auch die damals gängige Trennung von afroamerikanischen Menschen und Weißen. Da der Rock 'N' Roll eine Musik der Afroamerikaner war, spielten die Radiostationen von Weißen diese nicht. So begangen vor allem junge weiße Musiker in den Südstaaten den Rhythm & Blues mit "ihrer" Country-Musik zu kombinieren und schufen so den einzigartigen und dem Rock 'N' Roll sehr ähnlichen (Hörer die nicht in der Materie bewandert sind dürfte es schwer fallen Rockabilly und Rock 'N' Roll auseinander zu halten) Sound. Anfangs wurde der Begriff Rockabilly nicht gerne verwendet, weil er sehr ähnlich dem Begriff "Hillbilly" war. Hillbilly (etwa „Hinterwäldler" oder „Landei") ist eine oft abfällig verwendete Bezeichnung für Bewohner der ländlichen Gegenden der USA. Im Laufe der Zeit setzte sich der Begriff Rockabilly dann aber durch.

Rockabilly-Bands hatten meist eine sehr minimalistische Besetzung. Hier begegnen wir wieder der klassischen und typischen Rockformation aus Gitarre (E-Gitarre), Bass, Schlagzeug und Gesang. Ein besonderes Merkmal des Rockabilly ist der sogenannte Slap-Bass. Das ist eine Spieltechnik für den Kontrabass bei der entweder auf die Seiten am unteren Ende des Griffbrettes geschlagen wird (slap) oder die Seiten so angerissen werden das sie auf das Griffbrett zurückschlagen („pop" oder auch „pluck"). So wird der Rhythmus zusätzlich hervorgehoben, weil diese Spielweisen einen perkussiven Ton erzeugen. Ein weiteres charakteristisches Merkmal war der Echo-Groove, also ein

Halleffekt der auf den Gesang angewendet wurde. So wurde eine Atmosphäre geschaffen die man "slapback" bezeichnet und verstärkt noch einmal die rhythmische Wirkung. Als Vorreiter des Rockabilly gilt der Country Boogie, der auch als Hillbilly Boogie bezeichnet wurde. Darum ist es auch nicht verwunderlich, das Bill Haley (William John Clifton „Bill" Haley, Jr.), ein Countrymusiker durch die Vermischung des Hillbilly Boogie und Rhythm & Blues mit dem Song „Rock the Joint" den ersten Rockabilly-Song schuf.

Legendär für den Rockabilly war das Independent-Plattenlabels Sun Records in Memphis, Tennessee. 1952 vom Hobbymusiker Sam Phillips gegründet war es war trendsetzend für die Entwicklung des Rhythm and Blues, der Rockabilly- und der Rock-'n'-Roll-Musik. Zunächst war es nur ein Musikstudio, das Aufnahmen für andere Plattenlabels vornahm. Bei Sun waren viele kleinere Rockabilly-Bands / -künstler wie Sonny Burgess, Warren Smith, Charlie Feathers, Billy Lee Riley oder Malcolm Yelvington unter Vertrag. . Das Label galt deswegen als „Katalysator des Rockabilly". Zusätzlich entfachten das Rockabilly-Fieber die wilden Live-Shows von Elvis, ja auch er fing mit Rockabilly und sogar bei Sun an, und der anderen Rockabilly-Bands. Was wiederum dazu führte, das sich weitere Künstler und Bands dem Rockabilly zuwendeten. Nur um einige Namen zu nennen seien hier Buddy Holly, Eddie Cochran und Gene Vincent erwähnt. Die regionale Note und der starke Südstaatenakzent vieler Sänger verhinderten aber, das sich der Rockabilly (vorerst) über die Südstaaten hinaus verbreitete. Das führte dazu, das bereits am Ende der 1950er die (erste) Rockabilly-welle ein Ende fand. Elvis schaffte den Absprung in den Mainstream während viele andere zur Country-Musik zurückkehrten. Ende der 1970er, vor allem aber in den 1980er, fing eine zweite Welle des Rockabilly an. Bands aus Amerika wie die Stray Cats oder The Blasters oder aus Großbritannien wie Matchbox verschrieben sich dem Sound der Rockabillybands aus den 1950er. Daraus erwuchsen lebendige Rockabillyszenen in Amerika, Europa, aber auch in Japan mit großen jährlichen Festivals.

Wir schauen uns hier den Rockabilly zwar als "Umweg" oder "Nebenarm" der musikalischen Entwicklung zum Heavy Metal, aber der Einfluss des Rockabilly auf die Rockmusik, ja auf den Hardrock ist enorm. Also ist es gar nicht so abwegig, das wir auf den Rockabilly geschaut haben. Die Beatles, Rolling Stones, The Clash oder Led Zeppelin haben Rockabilly-Songs gecovert. Jeff Beck nahm ein Album auf wo ausschließlich Coverversionen von Songs von Gene Vincent drauf sind. Jimmy Page gründete mit seinem ehemaligen Led-Zeppelin-Kollegen Robert Plant die Band The Honeydrippers, die stark vom Sound der 1950er be-einflusst war und live sogar einige Rockabilly-Klassiker coverte.

Psychobilly

Die dritte Station unseres "Umweges" ist der Psychobilly. Hier führt unser "Umweg", unser "Nebenarm" auch wieder zurück, denn der Psychobilly entstand durch die starke Beeinflussung des Punk auf die zweite Welle des Rockabilly, denn Psychobilly ist die Verschmelzung von Rockabilly und Punk. Und das ist auch beim Metal so. Der britische Punk führte zur New Wave of Britsih Heavy Metal. Psychobilly vereint die Aggressivität und Energie des Punk mit dem Sound, vor allem des Rhythmus und der Instrumentierung und Besetzung des Rockabilly. So entstand eine extrem energiegeladene Musikrichtung.

Der Psychobilly entstand als Reaktion auf die zweite Rockabilly-Welle im England der frühen 1980er. Doch die Wurzeln liegen noch einige Jahre früher in den späten 70er Jahren. Die 1976 von Erick Purkhiser, alias Lux Interior und seiner Ehefrau Kristy Wallace, alias Poison Ivy, gegründete Punk-Rock-Band The Cramps mischten viele Musikgenres, so auch Rockabilly-Elemente in ihre Musik und schufen so die Grundlagen für den Psychobilly, aber auch für den Death-Rock oder Horrorpunk. Der Geburtsort des Psychobilly ist England und einer der Geburtshelfer, aka eine Band die als Mitbegründer und Paniere gist sind The Metors. 1979 noch unter dem Namen „The Legendary Raw Deal" gegründet waren Sänger und Gitarrist P. Paul Fenech und seine Mannen mit die ersten die den Punk mit dem Rockabilly verbanden. Es entwickelte sich eine sehr lebendige Szene wobei das Label Nervous Records ein Katalysator darstellte, weil es viele Psychobilly-Bands veröffentlichte. Von der Insel breitete sich der Psychobilly dann auch recht schnell auf das europäische Festland aus wobei dort die Hotspots in

Holland, Belgien, Frankreich, Deutschland und der Schweiz lagen.

Wie schon mehrfach geschrieben ist Psychobilly eine Verschmelzung des Punk mit dem Rockabilly. Die Bandbesetzung ist daher oft auch E-Gitarre, Kontrabass und Schlagzeug. (Es gibt Bands die einen E-Bass spielen, aber unter den Fans gilt der Kontrabass als authentisch.) Der Kontrabass wird auch im Psychobilly als Slap-Bass gespielt, was das für den Psychobilly typische "klappern" des Bass erzeugt. Melodisch und rhythmisch basiert der Psychobilly auf dem Rockabilly. Vom Punk kommt die Schnelligkeit und die Härte. Textlich befassen sich viele Bands mit Themen aus dem Bereich Horrorfilme, B-Movies, Geschichten über Psychopathen und Monster. Aber auch der Psychobilly entwickelt sich weiter. Bands wie die dänischen Nekromantix nähern sich stilistisch auch dem Metal an, ohne die Wurzeln des Rockabilly ganz aufzugeben.

Eine weitere Parallel zum Metal (und zum Punk) ist, das sich eine "komplette" Subkultur herausgebildet hat. Psychobilly ist wie der Metal nicht nur eine Musikrichtung. Am ausfälligsten an dieser Subkultur, genau wie beim Metal, ist das Outfit. Es vereint Elemente aus dem Rockabilly, dem Punk, Rockern, den Skinheads und von den Teddy Boys. Nietengürtel, Lederjacke mit Nieten und Schriftzügen, Creeper-Schuhe, Drape-Jacke, Creeper-Schuhe, Drape-Jacke, mit Chlorreinigern gebleichte Hosen, Bomberjacke, DocMartens-Stiefel, Fred-Perry-Hemd sind Kleidungsstücke aus denen sich das Outfit zusammen setzt. Sehr ausfällig ist auch die typische Frisur, Flattop oder nur Flat genannt. Hierbei sind die Haare an den Seiten und zumeist auch am Hinterkopf abrasiert. Die Haare auf dem Oberkopf sind von hinten nach vorne flach ansteigend geschnitten. Wenn sie hochgestellt werden (top), bilden sie eine von der

Stirn zum Hinterkopf abfallende Ebene (flat). Sie werden unter Einsatz von Haarspray und Haarwachs bewusst zu einer großen Tolle oder nach oben und vorne gestylt. In der Symbolik sehr beliebt ist der Kontrabass, der in allen möglichen Formen und Zusammenhängen immer wieder auftaucht. Beliebt sind auch eine Mischung aus der Symbolik des Okkulten/Horror wie Totenschädel, Knochen, Särge, Kreuze, etc. und die 50er Rock 'n' Roll Symbolik mit Würfel, Pin-Ups, Flammen, Billardkugel (8-Ball), Hot-Rods, usw. Vielen Psychos haben auch Vorlieben für bestimmte Medienformen wie B-Movies, Horrorfilme und -bücher, Comics.

Hardrock

Jetzt kommen wir zur Musikrichtung, die die ersten Anzeichen für den Heavy Metal in sich trägt, nicht ganz umsonst ist der Hardrock früher auch als Heavyrock bezeichnet worden. Der Hardrock ist im Bereich der Rockmusik eine relativ kraftvolle und schnelle Variante, auch wenn es sehr gute Balladen im Hardrock gibt. Vom Blues über den Rock ´N´ Roll und Bluesrock reichen die Wurzeln des Hardrock. Vereinfacht gesagt ist der Hardrock eine schnellere und härtere Variante des Bluesrock mit Einflüssen des Psychedelic Rock und entstand in den späten Jahren der 1960er. Bereits Mitte der 60er fingen die "großen" Bands des Bluesrock wie The Rolling Stones und The Yardbirds oder Rockbands wie The Who und The Kinks an zu experimentieren in dem sie den Rock ´N´ Roll und Bluesrock modifizierten. Sie wurden basslastiger, die Gitarrenriffs wurden treibender und das Schlagzeug dominanter. Auch der charismatische Frontmann bildete sich heraus. Man denke an Mick Jagger oder Pete Townshend, der oft am Ende von Lifeauftritten mit dem The-Who-Schlagzeuger Keith Moon das Instrumentarium der Band zerstörte.

Bands wie Led Zeppelin, Deep Purple, Black Sabbath und weitere schufen am Ende der 1960er Jahre eine lebendige Hardrock-Szene. Sie prägten den Sound des frühen Hardrock maßgeblich. Während Led Zeppelin noch hörbar aus dem Bluesrock kamen und diesen durch entsprechende Gitarrenriffs mehr Kraft verliehen integrierten Deep Purple Elemente der klassischen Musik in den Rock. Black Sabbath setzten auf einen düsteren Sound mit entsprechend düsteren Texten. So mancher Song, wie "Iron Man" oder "War pigs" nahmen vieles vom Doom-Metal vorweg und gelten nicht umsonst als die unmittelbaren Vorläufer, bei einigen sogar als Start, des Heavy Metal. Typisch für den Hardrock ist der 4/4 Takt und ein Liedschema, welches aus der Popmusik, also Strophe, Refrain, Strophe, Bridge, Strophe, Refrain, bekannt ist. Gitarrensoli dürfen nicht fehlen und sind fester Bestandteil. Die Gitarristen verwenden sehr oft die Bluestonleiter oder die Pentatonik (Tonleitern und Tonsysteme, die aus fünf verschiedenen Tönen bestehen), gerne auch mit Elementen aus der Klassik angereichert (siehe Deep Purple).

Mitte der 1970er füllten Bands wie Led Zeppelin, Deep Purple oder Kiss ganze Stadien. Auch Bands die nicht aus GB oder den USA kamen, wie AC/DC aus Australien, Scorpions aus Deutschland oder Thin Lizzy aus Irland, wurden international bekannt und erfolgreich. Der Hardrock erreichte seinen ersten Höhepunkt. Denn der Hardrock war in dieser Zeit vielseitig und sprach so sehr viele Menschen an. Einige Bands zogen einen tighten und schnörkellosen Hardrock durch (z.B. AC/DC), andere integrierten Folk-Rock in ihre Musik (Thin Lizzy) und die ganz experimentierfreudigen (wie Deep Purple) integrierten Elemente aus dem Progressive Rock und sogar der Oper. Am Ende des Jahrzehnts sank der Stern des Hardrock. Bands wie Black Sabbath, Led Zeppelin oder Deep Purple ist der Erfolg zu Kopf gestiegen. Sie ergaben sich den Drogen und der Skandale. Zudem setzte der aufkommende Punk dem britischen Hardrock unter Druck. Bei den Amis war es der Disco-Boom der den Hardrock-Bands zu schaffen machte. Das trieb durchaus auch komische Blüten. Einer der bekanntesten Songs von Kiss, I Was Made for Lovin' You, ist weniger ein (Hard-)rock-Song denn mehr ein Disco-Song. Aber es kamen auch neue Bands. So z.B. die Band Van Halen um den genialen Gitarristen Eddie Van Halen modernisierten und revolutionierten das Gitarrenspiel und legten so den Grundstein für ein Genre das dem Hardrock zwar zugeordnet wird, aber trotzdem einen eigenen Namen bekam: dem Glam Rock.

Am Ende der 1970er legte Eddie Van Halen einen von zwei Grundsteinen für den Glam Rock, manchmal auch Glam Metal genannt. Der zweite Grundstein wird weiter hinten im Buch noch erklärt. Aber ab der frühen Mitte der 1980er wurde der Glam Rock durch Bands wie Mötley Crüe, Twisted Sister oder Bon Jovi sehr erfolgreich. Van Halen haben sich etabliert und Deep Purple feierten ein Comeback. Rockmusik und Hardrock waren in den 1980er die dominierenden Musikgenres. Doch dann kamen am Anfang der 1990er der Grunge und Alternative Rock und setzten dem Hardrock wieder enorm zu. Die zweite Ära des Hardrock ging zu ende. Doch wie heißt es so schön? Tot gesagte leben länger! Bereits Ende der 1990er Jahre belebten Bands wie Wolfmother oder Airbourne den Hardrock wieder.

Übrigens: Hardrock und Heavy Metal sind durchaus enge Verwandte in der großen Familie der Musikgenres. Bei vielen Gemeinsamkeiten gibt es aber auch mehr oder weniger stark ausgeprägte Unterschiede. Während der Hardrock sich stärker am Blues und Bluesrock orientiert weist der Heavy Metal einen härterem Sound und tiefer gestimmte Saiteninstrumente aus. Doch die Grenzen sind fließend. Gerade Bands aus der Anfangsphase des Hardrock wie Led Zeppelin, Deep Purple oder Black Sabbath werden von vielen zu beiden Musikrichtungen zugeordnet. Viele Metalheads hören auch Hardrock-Bands gerne. AC/DC, Guns N' Roses, Motörhead oder Airbourne sind nur einige als Beispiel genannte Vertreter des Hardrock die auch viel Erfolg bei Fans des Heavy Metal haben.

Punk

Wenn der Hardrock das erste Elternteil des Heavy Metal ist, dann ist der Punk das zweite Elternteil. Darum auch ein Blick auf den Punk: was der Hardrock noch nicht ganz schaffte, das schaffte der Punk. Diese explosive und einflussreiche Stilrichtung der Rockmusik brachte eine ganze, bis heute lebendige, Subkultur hervor. Die Geburtsorte des Punk sind, mehr oder weniger unabhängig, New York und London. Der Zeitpunkt: Mitte der 1970er Jahre. (Ja, gerade die 1970er waren musikalisch eine extrem spannende Zeit.) Die Musik brachte von Anfang an zum Ausdruck, was der Kern, das Wesen der kompletten Subkultur werden sollte und immer noch ist: Ablehnung bürgerlicher Werte und gesellschaftlicher Normen.

Auch der Punk entstand nicht aus dem Nichts. Es gab Vorläufer, Wegbereiter, musikalische Ursprünge. Die Ursprünge des Punk liegen, welchen Leser wundert es noch(?), im Rock 'N' Roll der 1950er-Jahre, im Garagenrock der 1960er-Jahre, auf amerikanischer Seite im sogenannten Protopunk der frühen 1970er und auf britischer Seite im Glam Rock und Pub Rock der frühen 1970er-Jahre.

Zum Jahrzehntewechsel von den 1960er zu den 1970er Jahren gab eine Reihe von amerikanischen (Hard-)Rock-Bands, welchen man später das Etikett "Protopunk" gab. (Protopunk ist eine Bezeichnung für eine Reihe von Bands, die als Wegbereiter des Punk gelten oder die von frühen Punkbands als großer Einfluss angeführt werden. Der Begriff des Protopunk lässt sich allerdings nur schwer abgrenzen und konkret definieren.) Die einflussreichsten dürften MC5 (1964-1972), The Stooges (1967-1977) von Iggy Pop, der nicht umsonst auch „Godfather of Punk" angesehen / bezeichnet wird und die New York Dolls

(1971-1977). Sie brachten minimalistische Gitarrenriffs und aggressive Rhythmen in den Rock, ein Grundsteigen für die bald kommende Punkwelle. Ein Epizentrum der damaligen amerikanischen Punkbewegung war der legendäre New Yorker Club CBGB. Die Ramones, mit ihren schnellen und einfachen Songs, eine der einflussreichsten Punkbands, Blondie, Television und The Stooges traten hier unteranderem auf und prägten den Sound des (amerikanischen) Punk. In Großbritannien gründete sich 1973 eine namenlose Band in London. Sie schufen Songs mit knappen und aggressiven Arrangements mit rebellischen Texten und traten 1975 erstmals unter dem Namen "Sex Pistols" auf. Sie wurden und sind Ikonen des Punk. Ein Jahr nach diesem Auftritt gründete sich ein Band, ebenfalls in London, die mit ihren politisch engagierten Texten und ihrer musikalischen Vielfalt eine weitere Größe im Punk wurde: The Clash.

Um Punk-Musik machen zu können braucht man nur 3 Akkorde spielen zu können wird oft spöttisch gesagt. Nach einer Aussage des Karikaturisten des Punk Magazine John Holmstrom ist Punk-Rock " „Rock 'n' Roll von Leuten, die keine großen Fähigkeiten als Musiker hatten, aber trotzdem ein Bedürfnis fühlten, sich durch Musik auszudrücken" trifft diesen Spott recht genau. Auch wenn Punk oft eine einfache, fast schon triviale, Kompositionen ausmacht, so ist diese eben doch nicht so unoriginell wie man annimmt. Punkbands setzen typischerweise auf die traditionelle Besetzung einer Rock-Band, bestehend aus einer oder zwei Gitarren, Bass, Schlagzeug und Gesang. Der Sound ist durch übersteuerte Gitarrenverstärker, hohe Tempi und manchmal eine raue Gesangsstimme geprägt. Die Texte sind konfrontativ bis aggressiv, üben Gesellschaftskritik oder transportieren politische oder nihilistische Inhalte. Die Gitarrenparts beschränken sich meist auf verzerrte Power Chords oder

Barrégriffe. Um ein höheres Maß an Freiheit und weitgehende Unabhängigkeit von äußeren Einflüssen zu erlangen, gründen einige Punks eigene Musiklabel, organisieren ihre Konzerte meist selbst und bringen eigene Magazine (Fanzines) heraus. Auch gestalten Punks ihre Kleidung oft selbst.

NWoBHM – Die New Wave of British Heavy Metal

Endlich ist es soweit. Nach all den vielen Genres die zum Metal führten kommen wir nun zum Startschuss des Metal. Zur Die New Wave of British Heavy Metal. Die NWoBHM ist dabei kein Musikgenre als solches, es bezeichnet eine Gruppe von Metal-Bands die durchaus sehr unterschiedliche Musik gemacht haben. Gemeinsam ist allen Bands dieser Wellen, das sie den Grundstein legten für den Metal und all seinen Subgenres.

Stell dir vor, es gäbe keine Jeanskutten, kein Headbanging und keine Luftgitarren – das wäre eine ziemlich trostlose Welt für Hardrock-Fans, oder? Genau diese Dinge verdanken wir der „New Wave of British Heavy Metal" (NWoBHM), einer Bewegung, die die Grundpfeiler der heutigen Metal-Szene gelegt hat. Ohne diese britische Welle würde die Welt des Hardrock ganz anders aussehen.

Diese Welle hatte enormen Einfluss auf Bands der ganzen Welt, darunter auch die erfolgreichste Metal-Band aller Zeiten: Metallica. Es ist kaum zu glauben, aber ohne die NWoBHM hätte es Metallica, wie wir sie kennen, wahrscheinlich nie gegeben. Das ist doch mal ein Beweis dafür, wie einflussreich diese Bewegung war, oder? Die NWoBHM war keine spezielle Musikrichtung / spezielles Genre, nicht nur eine musikalische Revolution, sondern auch ein kulturelles Phänomen.

Großbritannien in den 70ern – das war kein Zuckerschlecken. GB wurde, nicht umsonst, ls der „kranke Mann Europas" bezeichnet. Stell dir vor, du lebst in einem Land, in dem die Industrie veraltet und die Arbeitslosigkeit hoch ist. Das Defizit des Außenhandels reißt riesige Löcher in den Staatshaushalt. Und als ob das nicht genug wäre, gibt es ständig Stromausfälle, weil die Leute in wichtigen Branchen, wie z.B. der Energieversorgung, streiken. Zusätzlich eskaliert der Konflikt in und um Nordirland und Rassismus sowie Gewalt sind an der Tagesordnung. Kurz gesagt: In the U.K. herrscht Weltuntergangsstimmung. Es war eine Zeit, in der man das Gefühl hatte, dass alles auseinanderfällt. Und die Musikszene ist ein Spiegel dieser Zeit. Punk-Bands wie die Sex Pistols und The Clash schrien regelrecht ihre Wut und Frustration über diese Zeit und seiner Umstände in die Welt hinaus. Es war eine Ära der Rebellion und des Aufbruchs, in der junge Menschen nach neuen Wegen suchten, um sich auszudrücken. Und aus diesem Chaos entstand eine der einflussreichsten Musikbewegungen aller Zeiten: der Punkrock.

Doch die Wirtschaft steckte nicht alleine in einer Kriese in dieser Zeit, sondern auch die Musikszene ist ein eine tiefe Kriese gefallen. Die einstigen Giganten des Hardrock und Metal, Black Sabbath und Deep Purple, die Anfang des Jahrzehnts noch als die besten Bands der Welt gefeiert wurden, hatten ihren Zenit überschritten. Der Erfolg war ihnen zu Kopf gestiegen, und ausgiebige Exzesse drohten, sie in den Abgrund zu reißen. Sie hatten zwar den Grundstein für den Heavy Metal mit ihrer beeindruckende Virtuosität, mit ihren mächtigen Gitarrenriffs und ihrer durchaus düsteren Aura gelegt, aber sie schienen auch satt zu sein. Die Luft schien raus nach erfolgreichen Stadiontourneen und der Eroberung der US of A. Kurz: Ende der 70er Jahre war es um die alte Garde des britischen Hardrock nicht mehr gut bestellt. Led Zeppelin versank im Drogensumpf, Deep Purple löste sich auf und Black Sabbath stand kurz davor, Ozzy Osbourne rauszuschmeißen. Es entstand also eine Art Vakuum, eine Leere, die nach neuen Helden geradezu schrie. Und genau in diese Lücke stießen zahlreiche Bands aus den Industrieregionen Nordenglands und den Arbeitervororten von London.

Junge, hungrige Musiker, die genug hatten von den alten Rockstars und ihren Eskapaden. Sie wollten neue Wege gehen und frischen Wind in die Szene bringen, und den Hardrock wieder auf die Straße holen. Ganz nebenbei erschufen sie so den Heavy Metal.

Was haben die Bands Saxon, Diamond Head, Def Leppard, Raven, Tygers of Pan Tang, Girlschool, Angel Witch, Iron Maiden oder Samson alle gemeinsam? Sie alle waren Teil der „New Wave of British Heavy Metal" und hatten eines im Sinn: dem tristen Alltag zu entfliehen. Und dieser Alltag war für die meisten von ihnen ziemlich bodenständig. Viele von ihnen hatten ganz normale Jobs, bevor sie zu Rockstars wurden. Stell dir vor, du schraubst tagsüber als Automechaniker an Motoren rum und stehst abends auf der Bühne und rockst die Hütte! Das war der Spirit der NWoBHM: Harte Arbeit, Leidenschaft für Musik und der Traum von einem besseren Leben. Während die Hardrock-Giganten ins Straucheln gerieten, brodelte es in London unter der Oberfläche. Eine neue Jugendbewegung namens Punk machte sich lautstark bemerkbar und stellte die gesamte Musikszene auf den Kopf. Schluss mit der Virtuosität und den endlosen Soli der Rockstars! Die Punks wollten es einfach, direkt und dreckig. Zweieinhalb Minuten reichten völlig aus, um die eigene Wut mit drei Akkorden herauszuschreien. Die Punks wollten alle Regeln brechen, auch die der Musik. Sie hatten genug von den elitären Rockern und ihrer Perfektion. Sie wollten zurück zu den Wurzeln, zur Energie und zur Rebellion. Es ging nicht darum, der beste Musiker zu sein, sondern darum, etwas zu sagen. Und das taten sie mit voller Wucht! Die neuen Bands, die aus der Asche der alten Hardrock-Giganten emporstiegen, hatten den Punkrock mit seiner rohen Energie und seinem „Mach-es-einfach"-Geist voll aufgesogen. Aber sie wollten keine reinen Punkbands sein. Sie hatten Bock auf mehr, auf epische Gitarrenriffs und donnernde Drums. Also nahmen sie das Beste aus beiden Welten und mixten Hardrock und Punk zu einem neuen, explosiven Sound.

Das Ergebnis war ein Genre, das die Musikwelt ordentlich durchschüttelte. Die Songs wurden schneller, lauter und härter, als man es vom traditionellen Hard- oder Heavyrock kannte. Es klang irgendwie geerdeter, ursprünglicher, so, als ob jeder, der Bock hatte, ein Instrument in die Hand nehmen und loslegen konnte. Diese neue Metal-Punk-Mischung war eine Befreiung, ein Aufbruch in eine neue Ära des Heavy Metal. Klar, diese neuen Musiker waren vielleicht keine Virtuosen wie Jimmy Page oder Ritchie Blackmore, aber das heißt nicht, dass sie keine Ahnung von Musik hatten. Im Gegenteil! Sie hatten die Blues-Einflüsse von Bands wie Led Zeppelin und Deep Purple aufgesogen, aber sie wussten auch, dass es nicht immer kompliziert sein muss. Sie nahmen die Einfachheit und Energie des Punk und mischten sie mit dem klassischen Hardrock-Sound. Stell dir vor, du nimmst die groovigen Riffs von Led Zeppelin, die epischen Soli von Deep Purple und die rohe Energie der Ramones – und mixt das alles zusammen. Das war der Sound der NWoBHM: Ein bisschen Blues, ein bisschen Punk und ganz viel Leidenschaft. Sie mussten keine ausgebildeten Musiker sein, um großartige Songs zu schreiben. Es ging darum, das Herz am rechten Fleck zu haben und einfach loszurocken!

Trotz ihres frischen Sounds hatten es die neuen Bands alles andere als leicht. Sie waren wie ein Geheimtipp, den niemand kannte. Es gab kaum Orte, wo sie auftreten und ihre Musik unters Volk bringen konnten. Im Norden Englands, in den rauen Industriestädten, hatten sie wenigstens eine Chance, in den Hinterzimmern von Pubs oder in den sogenannten „Working

Men's Clubs" zu spielen. Dort wurden sie zumindest halbwegs toleriert. Aber das war's auch schon. Die Bands waren oft gezwungen, in Läden aufzutreten, wo sich niemand wirklich für ihre Musik interessierte. Stell dir vor, du teilst dir die Bühne mit einem lokalen Komiker, während du versuchst, deine neuesten Metal-Songs unters Volk zu bringen. Das war der Alltag für viele dieser Bands. Es war ein harter Kampf, aber sie ließen sich nicht unterkriegen. Sie spielten, wo immer sie konnten, und bauten sich so langsam aber sicher eine Fangemeinde auf. Im Süden Englands war die Lage für die aufstrebenden Rockbands noch mal 'ne ganz andere Nummer. Da hatten die Pubbesitzer nämlich so ihre ganz eigenen Vorstellungen von anständigen Gästen. Lange Haare? Motorradfahrende Typen? Nee, danke! Die Angst um ihren guten Ruf war größer als die Neugier auf neue Musik. „Diese schmierigen Langhaarigen, diese motorradfahrenden Penner", so oder so ähnlich dürften die Gedanken mancher Pubbesitzer damals geklungen haben. Es war keine einfache Zeit für Rockmusik, das kann man wohl sagen. Die neuen Bands waren ständig auf der Suche nach Auftrittsmöglichkeiten und dringend auf der Jagd nach ein paar Kröten, um über die Runden zu kommen. Da musste man schon erfinderisch sein, um sich Gehör zu verschaffen. schon erfinderisch sein, um sich Gehör zu verschaffen. Während der Punk in London die Clubs und Medien im Sturm eroberte, war Heavy Metal eher das ungeliebte Stiefkind. Punk war angesagt, Heavy Metal wurde ignoriert oder sogar verachtet. Aber wie das so oft ist, braucht es nur einen, der unbeirrt seinen Weg geht, um die Dinge zu verändern. Und dieser eine war Neil Kay. Er war ein Rockfan und DJ, der sich berufen fühlte, etwas zu bewegen. Er war genervt davon, dass es auf Radio One nur eine einzige Rocksendung mit Tommy Vance gab – und das auch nur ein paar Stunden pro Woche. Das reichte einfach nicht! Neil wusste, dass da draußen eine ganze Menge großartiger Metal-Bands waren, die nur darauf warteten, entdeckt zu werden. Er spürte, dass etwas geschehen musste, und zwar unbedingt!

Stell dir vor, du betrittst einen stickigen Pub im Norden Londons, gehst durch den Hauptraum und landest im „Bandwagon", einem kleinen Nebensaal. Hier, in dieser unscheinbaren Location, schuf Neil Kay ein Mekka für alle Metal-Fans. Mehrmals die Woche veranstaltete er seine „Heavy Metal Soundhouse"-Party, bei der er seine Lieblingsplatten auflegte und mit seiner 8000-Watt-Anlage den Metal-Sound in voller Lautstärke durch den Raum jagte. Der Saal war jedes Mal proppenvoll mit Kids, die heiß darauf waren, Neils Auswahl zu hören. Er spielte ausschließlich Heavy Rock, und nach und nach kamen immer mehr Leute aus dem Londoner Umland. Neil selbst war ein genialer, leicht verrückter Typ, der die Musik liebte und das auch rüberbrachte. Der „Bandwagon" wurde schnell zum angesagtesten Ort für Metal-Fans am Wochenende. Anfangs bestand Neils Playlist hauptsächlich aus etablierten Bands wie AC/DC, Thin Lizzy, UFO, Judas Priest und Motörhead. Die neue Welle ließ noch auf sich warten, aber das tat der Stimmung keinen Abbruch. Die Metalheads hatten endlich ihr Hauptquartier gefunden, wo sie ihre Begeisterung ausleben konnten – ob beim Headbangen oder beim Luftgitarre spielen. Hier wurde der Metal zelebriert, und das mit voller Wucht! Natürlich gab es im „Bandwagon" auch ein paar ziemlich schräge Szenen. Stell dir vor, da tauchten Typen auf, die mit selbstgebastelten Pappgitarren rumliefen – ja, wirklich, Gitarren, die sie aus Pappe ausgeschnitten hatten! Rob Lonehouse, im Hauptberuf Hochzeitsfotograf, war der erste Metal-Fan, der im „Bandwagon" mit so einer Pappgitarre auf der Tanzfläche stand. Und er spielte diese

Pappgitarre so überzeugend, dass es fast so aussah, als würde er wirklich spielen. Rob war der Star der Party, und schon bald eiferten ihm andere nach. Diese Pappgitarren-Virtuosen wurden zu kleinen Berühmtheiten im Club. Und ihre Krönung erlebten sie, als sie einige Jahre später in Judas Priests Musikvideo zu „Living After Midnight" zu sehen waren.

Neil Kay hatte eine Mission: Er wollte dem Heavy Metal endlich den Respekt verschaffen, der ihm gebührte. Er war überzeugt, dass diese Musik mehr verdiente, als in dunklen Pubs und Hinterzimmern gespielt zu werden. Und er hatte einen Plan. Um seine Mission voranzutreiben, gelang es ihm, Geoff Barton, einen Journalisten der Musikzeitschrift „Sounds", zu einem Besuch im „Bandwagon" zu überreden. Geoff war sofort begeistert von dem, was er sah und hörte. Er schrieb nicht nur einen Artikel über die Party, sondern überließ Neil sogar die Zusammenstellung der wöchentlichen Bestenliste. Das war ein echter Durchbruch für die Metal-Szene! Endlich bekam der Heavy Metal Aufmerksamkeit. Neil legte noch einen Zahn zu. Er schaltete eine Anzeige, in der er Bands einlud, im „Bandwagon" live aufzutreten und ihm Demotapes zu schicken. „Ich würde dann die Bands auswählen, die im Bandwagon auftreten könnten", sagte Neil. Und die Resonanz war überwältigend! Hunderte von Kassetten trudelten ein, aus allen Ecken und Enden. Von da an war die „Soundhouse"-Party der Gig, den jede aufstrebende Band spielen wollte. Der „Bandwagon" wurde zum Sprungbrett für die nächste Generation von Metal-Bands. Und dann tauchten eines Tages zwei junge Männer aus East London auf, die Neil ihr Demotape in die Hand drückten. Neil legte die Kassette zu Hause in sein Tapedeck ein und war sofort hin und weg. „Ich bekam eine Gänsehaut nach der anderen", erinnert er sich. „Das waren unglaubliche Songs! Tonartwechsel,

Tempowechsel, epische Akkorde. Ein Gesang zum Sterben schön und eine starke, entschlossene, unübertreffliche Botschaft: Iron Maiden kriegt dich!" Na, das war ja Liebe auf den ersten Blick! Iron Maiden und das „Soundhouse"-Publikum – da hat's sofort gefunkt. Aber die Band hatte auch schon eine Weile Zeit, sich zusammenzuraufen. Steve Harris, der Bassist und Songwriter, hatte Iron Maiden schon vor Jahren gegründet, aber sie waren nie über die Grenzen von East London hinausgekommen. Deshalb hatte die Musikpresse sie auch nicht wirklich auf dem Schirm. Die Band, wie wir sie heute kennen, formierte sich erst 1979, als Sänger Paul Di'Anno einstieg. Bis dahin waren sie eher eine Band auf der Suche nach ihrer Identität. Sie experimentierten mit verschiedenen Sounds und Stilen, aber irgendwie fehlte noch das gewisse Etwas. Aber dann, im „Bandwagon", fanden sie endlich ihr Publikum – und ihren Sound!

Neil Kay war jetzt so richtig im Flow. Die Begeisterung für seine Schützlinge, allen voran Iron Maiden, beflügelte ihn. Er wollte den nächsten Schritt gehen und ein Konzert in der „Music Machine" veranstalten – einer Konzerthalle, die diesen Namen auch verdiente. Auf dem Programm standen die drei beliebtesten Bands des „Bandwagon": Samson, Angel Witch und natürlich Iron Maiden. Und wieder war Geoff Barton von „Sounds" mit von der Partie. In der nächsten Ausgabe des Magazins entdeckten die Leser dann einen neuen Begriff, der alles verändern sollte: „New Wave of British Heavy Metal" (NWoBHM). Lewis, der Chefredakteur von „Sounds", hatte diesen Begriff geprägt. Er fand, dass all das, worüber Geoff schrieb, einen Namen brauchte. Wenn sich die Leute damit identifizieren könnten, würden sie sich auch intensiver mit der Musik beschäftigen. Er hatte Recht! Der Begriff „NWoBHM" war wie ein Zauberwort. Er fasste all diese neuen britischen Heavy-Metal-Bands zusammen, warf sie in einen Topf und schuf so eine Szene. Er gab den Bands eine Nische, einen Platz, an dem sie sich neben all den anderen Bands behaupten konnten. Und es funktionierte! Geoff Bartons Artikel war voller Begeisterung geschrieben, um möglichst viele Leute als Fans zu gewinnen. Und so wurde die NWoBHM geboren. Jetzt legte „Sounds" noch einen drauf! Im Dezember 1979 veröffentlichten sie eine Spezialausgabe, in der sie all die Bands vorstellten, die über die ganze Insel verstreut waren. Das war der Ritterschlag! Jetzt war die „New Wave of British Heavy Metal" in aller Munde. Jeder sprach darüber, jeder wollte dabei sein. Die NWoBHM war offiziell auf der Landkarte der relevanten Musik angekommen.

Die „New Wave of British Heavy Metal" – mal ehrlich, daraus folgt wohl eines der dämlichsten Akronyme der Welt: NWoBHM. In England sagte man wegen der Abkürzung „njubom", aber versuch das mal jemandem in Frankreich, Deutschland oder Japan zu erklären! Da war das doch nur eine zufällige Anordnung von Buchstaben. Aber was soll's? „Njubom" wurde bald nicht nur zum Sammelbegriff für diese Bands, sondern auch zum Banner, unter dem sich die Fans versammelten. Und diese Fans bekamen auch einen Namen: Metalheads oder Headbanger. Sie fingen an, die Codes der Heavy-Metal-Subkultur zu entwickeln. Das schuf ein Gefühl der Zusammengehörigkeit, ein Gefühl, Teil von etwas Größerem zu sein. Aus Sicht der Fans vereinte diese Musik eine ganze Generation. Und sie zeigten, dass sie zusammengehörten, indem sie sich auf eine bestimmte Weise kleideten: Jeanskutten, Band-Shirts, lange Haare – das war ihr Erkennungszeichen. Die NWoBHM war mehr als nur Musik, sie war ein Lebensgefühl, eine Bewegung. Die Bands und ihre Fans, das war wie eine große Familie. Sie kleideten sich fast identisch: Jeans, Jeansjacke oder Lederjacke – das war die Grundausstattung. Und bald wurde die Metalkutte zum absoluten Must-have, zur Art Uniform für alle Metalheads. Über der Lederjacke trug man die ärmellose Jeansweste, die mit Badges und Aufnähern der Lieblingsbands individuell gestaltet wurde. Das war wie ein militärisches Abzeichen, das die Zugehörigkeit zur jeweiligen musikalischen Division kennzeichnete. Jeder Fan hatte seine eigene, einzigartige Kutte, die seine Persönlichkeit und seinen Musikgeschmack widerspiegelte.

Die Armee hatte sich gefunden, jetzt fehlte nur noch die Hymne. Ein Song, der die Energie und den Spirit der NWoBHM auf den Punkt brachte. Ein Song, der die Metalheads vereinte und ihnen das Gefühl gab, Teil von etwas Großem zu sein. Und dann kam der Song, der die Musik und den Spirit der NWoBHM perfekt auf den Punkt brachte: „Denim and Leather" von Saxon. Dieser Song war wie eine Hymne für die ganze Bewegung, ein Lied über die Bands und ihre Fans, über die Jeansjacken und Lederkutten, die zum Erkennungszeichen der Metalheads wurden. „Denim and Leather" war mehr als nur ein Song, er war eine Momentaufnahme der NWoBHM, ein Ausdruck des Stolzes und der Zusammengehörigkeit, der diese Szene ausmachte. Er beschrieb das Gefühl, Teil von etwas Größerem zu sein, ein Gefühl, das die Fans in den dunklen Pubs und Konzerthallen spürten, wenn sie ihre Lieblingsbands live erlebten. Es war ein Song, der die Energie und die Leidenschaft der NWoBHM einfing und sie für immer in der Geschichte des Heavy Metal festhielt.

Die Fanarmee war vor allem eins: männlich und weiß. Frauen waren sowohl im Publikum als auch auf der Bühne eine absolute Minderheit. Es war ein echter Jungsclub, in dem nur wenige Frauenbands den Durchbruch schafften. Rock Goddess und Girlschool waren die beiden Ausnahmen, die es in die harte

Männerdomäne des Heavy Metal schafften. Sie bewiesen, dass auch Frauen im Metal mithalten konnten und räumten mit dem Vorurteil auf, dass Heavy Metal nur etwas für Männer sei. Aber trotz ihres Erfolgs blieben sie Ausnahmen in einer Szene, die von Männern dominiert wurde. Girlschool, eine reine Frauenband? Ja, das war damals echt eine Seltenheit. Und wie Kim McAuliffe selbst sagt: „Wir wurden aus einem einfachen Grund zu einer reinen Frauenband: Kein Junge wollte bei uns mitspielen." Klingt erstmal frustrierend, oder? Aber Girlschool machten aus der Not eine Tugend. „Die Presse wurde auf uns aufmerksam, als sie hörte, es gäbe da eine reine Frauenband", erzählt Kim. Und da dachten sie sich: „Wir sind ja nicht dumm, dieses reine Mädchenending ist gar nicht so schlecht. Scheiß auf die Jungs, die wollten uns ja nicht und jetzt brauchen wir euch nicht." Eine klare Ansage! Girlschool nutzten die Aufmerksamkeit, um sich einen Namen zu machen und zeigten, dass Frauen im Metal genauso rocken können wie Männer. Und dann kam der Ritterschlag! Girlschools erste Single, die auf einem kleinen Independent-Label herauskam, landete in den Händen von Lemmy Kilmister, dem legendären Frontmann von Motörhead. Lemmy, der mit seinen Kultalben schon eine Ikone war und als eine Art großer Bruder der NWoBHM galt, nahm Girlschool unter seine Fittiche. Er lud sie 1979 als Vorband zur „Overkill"-Tour ein – ein Riesending für die Mädels! Klar, es gab auch ein paar Sprüche, wie Kim McAuliffe erzählt: „Man nannte uns Motörhead-Schwestern oder Motörhead mit Titten. [...] Wir nahmen das alles nicht ernst. Es war uns egal." Girlschool ließ sich nicht beirren und nutzte die Chance, um ihr Können unter Beweis zu stellen. Sie zeigten, dass sie mehr waren als nur ein netter Bonus auf der Tour, sondern eine Band mit eigenem Kopf und eigener Power.

Langsam, aber sicher wurden die großen Plattenfirmen auf die unabhängigen Bands der NWoBHM aufmerksam. EMI wagte den ersten Schritt und veröffentlichte „Metal for Muthas", einen Sampler, den Neil Kay zusammengestellt hatte, um den Markt zu testen. Und wer stach wieder mal aus der Masse heraus? Richtig, Iron Maiden! „EMI bot uns ein paar Millionen Pfund an. Fantastisch!", erinnert sich Paul Di'Anno. „Auf demselben Label wie Queen, Kate Bush, Cliff Richard oder Pink Floyd zu sein, wir konnten es nicht fassen. Die hielten uns zwar alle auf Abstand, aber trotzdem toll." Iron Maiden waren plötzlich in bester Gesellschaft, auch wenn sie sich dort vielleicht ein bisschen wie die wilden Jungs von nebenan fühlten. 1980, kaum acht Monate nachdem „Sounds" den Begriff „New Wave of British Heavy Metal" aus der Taufe gehoben hatte, sah es so aus, als ob der große Durchbruch für alle gekommen war. Die angesagtesten Bands der Stunde hatten Plattenverträge in der Tasche: Saxon, Iron Maiden, Def Leppard, Tygers of Pan Tang und Girlschool – sie alle hatten es geschafft.

Aber da gab es eine Ausnahme, eine Band, die irgendwie durchs Raster fiel: Diamond Head. Während alle anderen Bands den Deal ihres Lebens unterschrieben, standen Diamond Head noch ohne Vertrag da. Das war schon ein bisschen ironisch, denn gerade Diamond Head hatten mit ihren innovativen Songs und ihrem einzigartigen Sound maßgeblich zur NWoBHM beigetragen. Brian Tatler, der Gitarrist von Diamond Head, erinnert sich: „Wir suchten mit Diamond Head nach einem Label. Wenn eine Band wie Girlschool, Saxon oder Tygers of Pan Tang unter Vertrag genommen wurde, dachten wir, das müssen wir auch hinkriegen." Aber ihr Management hatte wohl nicht so den richtigen Plan. „Die dachten wohl, Diamond Head könnte als beste Band der Welt einen richtig fetten Deal über fünf Alben an Land ziehen. Das war vielleicht etwas unrealistisch", gibt Brian zu. Da hatten sie sich wohl etwas verkalkuliert. Während die anderen Bands pragmatisch waren und die Angebote annahmen, pokerten Diamond Head zu hoch und gingen am Ende leer aus.

Für Iron Maiden ging es jetzt richtig rund! Sie stürmten die britischen Charts und bekamen sogar einen Auftritt in der Kultsendung „Top of the Pops", die wöchentlich 15 Millionen Zuschauer vor die Bildschirme lockte. Und weil die Band so angesagt war, konnten sie sogar ihre eigenen Bedingungen durchsetzen: Kein Playback, sondern live im Fernsehstudio! Das war eine Sensation, denn nach The Who in den späten 60ern waren Iron Maiden die erste Band, die live in „Top of the Pops" spielen durfte. Dieser Fernsehauftritt war ein Volltreffer! Iron Maiden hinterließen einen bleibenden Eindruck und zeigten, dass sie nicht nur gut aussahen, sondern auch live eine Macht waren. Und als ob das nicht genug wäre, präsentierten sie kurz darauf ihr Bühnenmaskottchen: Eddie, eine gruselige Horrorfigur, die von dem amerikanischen Grafiker Derek Riggs entworfen wurde. Aus einer einfachen Theatermaske machte Riggs einen zombieähnlichen Charakter, der fortan als sechstes Bandmitglied galt. Eddie zierte nicht nur die Plattencover, sondern war auch bei jedem Konzert dabei und wurde zum unverwechselbaren Markenzeichen von Iron Maiden.

Zombies, Dämonen, heldenhafte Krieger oder Ritter der Finsternis – die NWoBHM hatte eine Vorliebe für epische Geschichten und fantastische Bilder. Die Bands bedienten sich ausgiebig bei Fantasyart, Mythologie und Science-Fiction, um ihre Songs und Bühnenshows zu gestalten. Da wurden düstere Geschichten aus alten Sagen und Legenden erzählt, ferne Galaxien und futuristische Welten in den Songs besungen oder einfach nur gruselige Gestalten und Monster auf die

Plattencover gepackt. Das war wie ein Ausflug in eine andere Welt, eine Flucht aus dem tristen Alltag. Die NWoBHM-Bands schufen so ihre ganz eigene, fantastische Welt, in der sich die Fans verlieren konnten.

Die NWoBHM hatte das Feuer des Heavy Metal wieder so richtig entfacht! Im August 1980 pilgerte eine Armee von Kuttenträgern zur Rennstrecke von Castle Donington im Herzen Englands. Dort fand das erste „Monsters of Rock"-Festival statt – ein Mega-Event für alle Metal-Fans. Neben den alten Hasen des Hardrocks trat Saxon als einzige Band der neuen Welle auf. Und die Metalheads feierten sie wie den Messias! „Als wir auf die Bühne gingen, hatten wir vielleicht 100.000 Alben in Großbritannien verkauft", erinnert sich Biff Byford von Saxon. „Wir waren die Underdogs, die Neuen, die neue Musik. Und an diesem Tag wahrscheinlich die Publikumslieblinge." Saxon zeigten, dass die NWoBHM angekommen war und dass sie bereit waren, die Bühnen der Welt zu erobern. Neil Kay stand in der ersten Reihe und erlebte hautnah, wie Judas Priest die Bühne enterte. Und wie immer lieferte der charismatische Sänger Rob Halford eine Mega-Show ab, inklusive Harley-Davidson-Auftritt in voller Ledermontur. Judas Priest, gegründet 1969, waren zwar etwas älter als die neuen britischen Metal-Helden, aber sie galten als die absolute Verkörperung des Heavy Metal. Diese Band lebte und atmete Heavy Metal. Sie definierten sich als Heavy Metal, zogen sich an wie Heavy Metal und klangen nach Heavy Metal. Alles, was sie taten, war Heavy Metal. Und genau das verband sie mit der NWoBHM und machte sie zu einer Art einflussreichen Fahnenträger der Bewegung. Mit Judas Priest hielten auch Elemente der Sado-Maso-Mode Einzug in die Metal-Szene. Komplette Rocker-Outfits aus Leder, Nietengürtel und Ketten als Accessoires sowie Hosen aus Elastan wurden zum absoluten Must-have. Judas Priest setzten neue Maßstäbe für den Look der Metalheads und zeigten, dass Heavy Metal nicht nur Musik, sondern auch ein Statement war.

Trotz der ganzen positiven Presse und einer treuen Fangemeinde hatten Diamond Head immer noch keinen Plattenvertrag in der Tasche. Sie blieben ein Geheimtipp, eine Kultband, die ihre Alben komplett in Eigenregie veröffentlichte. Das machte sie für ihre Fans zu etwas ganz Besonderem, zu einer Art DIY-Helden. Sie hatten alles selbst gemacht, von der Musik bis zur Vermarktung. Das war in der damaligen Zeit, in der die großen Plattenfirmen das Sagen hatten, ziemlich ungewöhnlich. Für die Fans war das ein Riesending, denn es zeigte, dass man auch ohne die Unterstützung der großen Labels erfolgreich sein konnte – wenn auch vielleicht nicht im Mainstream. Lars Ulrich, der Schlagzeuger von Metallica, war ein riesiger Fan von Diamond Head. Und er sparte nicht mit Lob: „10 oder 15 ihrer Stücke gehören zu den besten Songs, nicht nur der New Wave of British Heavy Metal, sondern des Metal überhaupt. Punkt!" Lars wuchs in Kopenhagen, Dänemark, auf, und fühlte sich als NWoBHM-Fan ziemlich allein auf weiter Flur. „Im Sommer 1980 bin ich mit meiner Familie nach Los Angeles gezogen. In diesen Jahren fühlte ich mich als New Wave of British Heavy Metal Fan ziemlich einsam und auf mich alleingestellt. Ich war ja überall, bloß nicht in England." Aber Lars ließ sich nicht entmutigen. Er sparte eisern für seine erste Reise nach England. „Irgendwann hatte ich genug Geld für meine erste Reise nach England gespart. Anfang Juli 1981 landete ich in Heathrow und ging direkt vom Flughafen zum Diamond Head Konzert im Village Odion." Sean Harris, der Sänger von Diamond Head, war total baff: „Er war der einzige Mensch, der jemals aus den Staaten hergeflogen kam, um uns zu sehen. Wir waren sehr beeindruckt von diesem enthusiastischen 17-Jährigen, der unsere Band mochte." Und die Band nahm Lars mit offenen Armen auf. „Wir nahmen ihn mit und er lebte eine Woche in meiner Wohnung, schlief auf dem Boden in einem Schlafsack", erzählt Sean. Für Lars war das ein unvergessliches Erlebnis. „Sie sind einer der Gründe, weshalb ich selbst eine Band gründen wollte", sagt er. Diamond Head hatten ihn so inspiriert, dass er beschloss, seinen eigenen musikalischen Weg zu gehen. Und der Rest ist, wie man so schön sagt, Geschichte.

Die US-Fans mussten nicht unbedingt den Atlantik überqueren, um ihre Lieblingsbands zu sehen. Schon 1981 tourten Iron Maiden, Def Leppard und Saxon als Vorgruppen etablierter Bands wie Kiss oder AC/DC durch die USA. Allerdings blieben sie eher eine Randnotiz und trafen auf ein Publikum, das nicht mehr unbedingt bekehrt werden musste. Aber alle wollten nach Amerika. Es war einfach zu verlockend, diesen riesigen Markt zu erobern. Doch wie sollte man dort den Durchbruch schaffen? „Die Leute fragten, wie wollt ihr dort den Durchbruch schaffen, dafür müsst ihr im Radio laufen und ein Video drehen, darauf stehen die Leute jetzt", erinnert man sich. Und in Amerika hatte gerade MTV angefangen, wo es vor allem um Image und Look ging.

Um diesen gewaltigen Markt zu erobern, traf Iron-Maiden-Bandleader Steve Harris eine schwerwiegende Entscheidung: Er suchte nach einer Stimme, die dieser Herausforderung gewachsen war. 1981 war es soweit: Paul Di'Anno wurde vom ehemaligen Samson-Frontmann Bruce Dickinson ersetzt, der sich damit an die Spitze des Feldes setzte. Mit Bruce Dickinson an Bord hatten Iron Maiden plötzlich ganz neue Möglichkeiten. Paul Di'Anno war eher der punkige Sänger, während Bruce mit seiner fast opernhaften Stimme ganz andere Töne anschlug. Bruce brachte eine Qualität mit, die die Band auf ein neues Level heben sollte. Für Iron Maiden war Bruce die logische Wahl, und sie haben diese Entscheidung nie bereut. Mit ihm konnten sie ihre musikalische Vision voll und ganz verwirklichen und Songs schreiben, die epische Ausmaße annahmen. Bruce war der fehlende Baustein, der Iron Maiden zu dem machte, was sie heute sind: eine der größten Metal-Bands aller Zeiten. Mit Bruce Dickinsons unglaublicher Stimme und einem noch epischeren, mächtigeren Sound festigten Iron Maiden ihre Identität. Sie waren nicht mehr nur eine Band unter vielen, sondern eine Macht, mit der man rechnen musste. Und dann kam der Durchbruch: Ihr von der Kritik gefeiertes Album „The Number of the Beast" wurde in den USA mit Gold ausgezeichnet. Das war der Beweis, dass Iron Maiden nicht nur in ihrer Heimat, sondern auch in Amerika angekommen waren. Sie hatten es geschafft, den riesigen US-Markt zu erobern und sich einen Platz in der ersten Liga der Metal-Bands zu sichern. „The Number of the Beast" war ein Meilenstein in der Geschichte von Iron Maiden und ein Triumph für die gesamte NWoBHM-Bewegung.

Aber der unbestrittene Champion der NWoBHM war eine andere Band: Def Leppard. Die Jungs aus Sheffield übertrafen alle anderen und machten alles eine Million Mal besser. Sie eroberten Amerika im Sturm, liefen rauf und runter im Radio, waren in Heavy Rotation bei MTV und definierten den Sound einer ganzen Epoche. Mit ihrem 1983 erschienenen Album „Pyromania" verschlankten sie den Sound der NWoBHM, machten ihn poppiger und weniger heavy – und genau das kam bei den US-Radiosendern super an. Mit über 6 Millionen verkauften Exemplaren landete das Album auf dem zweiten Platz der Billboard-Charts, direkt hinter Michael Jacksons „Thriller". Das war ein Riesenerfolg für Def Leppard und ein Beweis dafür, dass die

NWoBHM auch im Mainstream angekommen war. Def Leppard, die jetzt Superstars waren, weckten natürlich Begehrlichkeiten. Ihr Album „Pyromania" war in Amerika so ein Riesenerfolg, dass sich andere Labels, Manager und Bands dachten: „Das wollen wir auch!" Plötzlich wollten alle großen Plattenfirmen ein Stück vom Kuchen abhaben.

Und wer profitierte davon? Endlich auch Diamond Head! Sie bekamen einen Plattenvertrag. Doch jetzt wurden sie mit der harten Realität des Musikgeschäfts konfrontiert. „Das Label wollte dies und wollte das. Sie wollten eine Hitsingle. Wollten uns ins Radio bringen", erinnert sich Sean Harris. Und was passierte? Die Band schrieb seichte, fade und beschissene Songs. Die Fans, die sie von Anfang an geliebt hatten, fragten sich: „Was ist das für ein Mist?" „Es lief sich ziemlich schnell tot", sagt Sean. „Wir wurden nicht die neue Queen. Also bekamen alle Panik, und hat dich erstmal ein Label fallen lassen, will niemand mehr was von dir wissen." Ernüchtert von dieser Erfahrung lösten sich Diamond Head schließlich auf. Ein trauriges Ende für eine Band, die so viel Potenzial hatte. Angestachelt von ihren Plattenfirmen versuchten Bands wie Girlschool, Tygers of Pan Tang oder Saxon, das Erfolgsrezept von Def Leppard zu kopieren – auf die Gefahr hin, ihre Seele zu verkaufen. Viele Bands versuchten, kommerzieller zu werden. Sie griffen zu Schminke, färbten sich Strähnchen ins Haar und versuchten, einfach nur gut auszusehen. Als alle mit ihrem Geltungsdrang anfingen und die Platten ein wenig glatter klangen, veränderte sich die Bewegung. Alles hat irgendwann ein Ende, und man kann diesen Schwung nicht ewig mitnehmen. Der Hype um „Pyromania" gab 1983 den Startschuss für ein neues, haariges Genre mit dem passenden Namen Hair Metal. Mit ihren ausladenden Frisuren und ihrem sexy Image vermischten Bands wie WASP, Mötley

Crüe, Bon Jovi oder Ratt Hard Rock mit seichtem Pop. Dieses neue Genre, das auf Radiotauglichkeit und Telegenität ausgelegt war und in Los Angeles entstand, läutete das Ende der britisch geprägten NWoBHM ein.

Aber unter der kalifornischen Sonne bahnte sich eine Revanche für die Puristen an. Die NWoBHM hatte Nachwuchs bekommen! Die Samen, die Diamond Head im Sommer 1981 gepflanzt hatten, gingen auf. Erinnerst du dich an Lars Ulrich, der extra für ein Diamond-Head-Konzert nach England geflogen war? Er war nicht der Einzige, der von der NWoBHM infiziert wurde. In der kalifornischen Underground-Szene entstanden Bands, die von der Energie und dem Sound der britischen Helden inspiriert waren. Und diese Bands hatten Großes vor! Lars Ulrich war nicht nur ein Fan, er war ein Macher. Und er vergaß nie, wo seine Inspirationen herkamen. In einem Brief an Brian Tatler von Diamond Head schrieb er: „Lieber Brian, bevor ich es vergesse, möchte ich mich dafür bedanken, dass ich bei dir wohnen durfte und du dich um mich gekümmert hast." Aber Lars hatte nicht nur Dankesworte im Gepäck. Er hatte auch Neuigkeiten: „Unsere Band heißt Metallica. Der Gitarrist ist ziemlich schnell und gefällt dir bestimmt. Wir proben an sechs Abenden die Woche, weshalb wir schon ziemlich tight sind. Wir schreiben gute Songs, die aus der Norm fallen. So kann man uns wenigstens nicht vorwerfen, vorhersehbar zu sein." Da klang schon der selbstbewusste Lars durch, den wir heute kennen. Er wusste, was er wollte, und er war bereit, hart dafür zu arbeiten. „Ja, wir haben als Coverband angefangen und vier oder fünf ihrer [Anm. Autor: Diamond Head] Songs gespielt", erzählt Lars Ulrich. Diamond Head waren für ihn und seine Bandkollegen eine riesige Inspiration. Sean Harris erinnert sich: „Wir dachten bloß, wow, Lars' Band hat einen unserer Songs gecovert. Als erste Band überhaupt. Das hat uns geschmeichelt." Und wer hätte damals gedacht, was aus dieser kleinen Coverband Metallica werden würde? „Wir hätten nie gedacht, dass Metallica zur größten Metalband aller Zeiten werden sollte", gibt Sean zu. Das zeigt mal wieder, wie unvorhersehbar das Leben manchmal sein kann. Mit Metallica stemmten sich Lars Ulrich und seine Mitstreiter gegen den von den Posern des Hair Metal eingeleiteten Trend zu gekünsteltem Kommerz. Dieses „Posertum", oder besser gesagt die Abkehr davon, brachte eine neue Szene hervor: den Thrash Metal.

Der Thrash Metal war eine Generation von Jungs, die sich sagten: „Wir wollen die Reinheit des frühen New Wave of British Heavy Metal Sounds, nur schneller!" An der Spitze dieser Bewegung standen Metallica. Sie zeigten stolz ihre Affinität zur NWoBHM, indem sie Klassiker ihrer Helden coverten, wie zum Beispiel „Am I Evil?" von Diamond Head. Metallica machten klar, dass die NWoBHM nicht nur eine Modeerscheinung war, sondern ein wichtiger Einfluss auf die Entwicklung des Metal. Sie brachten die Energie und die Härte der britischen Bands in eine neue Ära und schufen so einen Sound, der die Metal-Welt für immer verändern sollte. Die NWoBHM war mehr als nur eine Musikrichtung, sie war eine Haltung, ein Lebensgefühl, das niemals sterben wird. Lars Ulrich ist das beste Beispiel dafür. Er war ein Fan, ein glühender Anhänger, der die Energie und den Spirit der NWoBHM in sich aufsog. Und genau dieser Spirit ist die Grundlage für alles, was Metallica gemacht hat. Von den schnellen Riffs über die epischen Songs bis hin zur DIY-Mentalität – Metallica verkörpern den Geist der NWoBHM wie keine andere Band. Sie haben die Fackel der britischen Metal-Revolution aufgenommen und sie in die Welt getragen. Die NWoBHM mag in den 80ern ihren Höhepunkt gehabt haben, aber ihr

Einfluss ist bis heute spürbar. Sie hat gezeigt, dass Metal mehr ist als nur Musik – er ist eine Lebenseinstellung. Und dann gab es da noch Sean Harris von Diamond Head. Dank Metallica konnte er sich entspannt zurücklehnen. „Ich musste nicht mehr arbeiten gehen. Meine Haupteinnahmequelle sind die Tantiemen, die ich seit 30 Jahren von Metallica erhalte. Die waren echt ein Geschenk des Himmels", sagt er. Da sieht man mal, wie einflussreich die NWoBHM und ihre Bands waren. Selbst Jahrzehnte später zahlte sich der Einfluss von Diamond Head auf Metallica noch aus. Das ist doch mal eine schöne Geschichte, oder?

Die New Wave of British Heavy Metal war wie ein musikalischer Urknall, der alles veränderte. Sie war nicht nur eine Musikrichtung, sondern eine verdichtete Szene, die einen unglaublichen Einfluss auf so ziemlich alles hatte. Auf das Verhalten der Fans, die plötzlich in Jeans- und Lederkutten durch die Straßen zogen. Auf die Medien, die mit „Kerrang!" und Co. eine neue Ära der Musikpresse einläuteten. Auf die Werbung für Konzerte, die plötzlich mit epischen Bildern und gruseligen Maskottchen lockte. Auf die Inszenierung der Musik, die mit Zombies, Dämonen und heldenhaften Kriegern eine ganz neue Dimension erreichte. Die NWoBHM beeinflusste jeden kulturellen Aspekt, und zwar auf eine Art und Weise, die bis dahin unvorstellbar war. Sie war mehr als nur eine Bewegung, sie war eine Revolution. Kim McAuliffe von Girlschool brachte es auf den Punkt: „Das ist ihr eigentlicher Erfolg. Das alles ist jetzt viele Jahre her. Aber was für ein Erbe haben wir da hinterlassen? Im Ernst. Es ist toll, Teil einer dauerhaften Bewegung zu sein." Und sie hat recht. Die NWoBHM hat Spuren hinterlassen, die bis heute sichtbar sind. Sie hat nicht nur die Musik, sondern auch die Kultur, die Mode und die Einstellung einer ganzen Generation geprägt. „Ich weiß nicht mal, wie man die jungen Bands von heute nennt", scherzt Kim. „Vielleicht die New New New New Wave of British Heavy Metal. Wer weiß?" Aber egal, wie man sie nennt, eines ist sicher: Der Geist der NWoBHM lebt weiter.

55

Die wichtigsten Alben der NWoBHM

I. Die Wegbereiter (späte 70er, frühe 1980er)

- JUDAS PRIEST – British Steel (1980) - Wegweisend für die stilistische und optische Prägung des Metal – reduziert, prägnant, mit Hymnen wie „Breaking the Law".
- MOTÖRHEAD – Overkill (1979) - Nicht klassisch NWoBHM, aber ein entscheidender Impulsgeber: brachialer Sound, Punk-Attitüde, Tempo – ohne Lemmy kein Speed Metal.
- SAXON – Wheels of Steel (1980) - Das Album, das Saxon zur Speerspitze der Bewegung machte. Bodenständig, rau, mit Working-Class-Charme.
- ANGEL WITCH – Angel Witch (1980) - Düster, okkult und melodisch – ein Kultalbum mit enormem Einfluss auf Doom- und Black-Metal-Bands.

II. Hochphase der NWoBHM (1980–1982)

- IRON MAIDEN – Iron Maiden (1980) - Das Debüt, das alles veränderte – roh, schnell und mit dem ersten Auftritt von Eddie. Ein Manifest der neuen Welle.
- DEF LEPPARD – High 'n' Dry (1981) - Noch vor dem kommerziellen Durchbruch zeigt dieses Album die Balance aus Härte und Stadiontauglichkeit – ein stilbildender Moment.

- DIAMOND HEAD – Lightning to the Nations (1980) - Das vermutlich wichtigste Album der Bewegung – Blueprint für Thrash Metal, oft von Metallica zitiert.

- SAXON – Denim and Leather (1981) - Ein Liebesbrief an die Szene selbst – mit dem Titeltrack als Hymne für alle Headbanger.

- TYGERS OF PAN TANG – Spellbound (1981) - Gutes Songwriting, starke Gitarren, mit John Sykes am Werk – ein Fanliebling mit roher Energie.

- GIRLSCHOOL – Demolition (1980) - Als weibliches Pendant zu Motörhead gefeiert, bringen Girlschool Frische und Punk-Attitüde in den Metal.

- IRON MAIDEN – Killers (1981) - Feingeschliffener als das Debüt, mit Adrian Smiths Einstieg und einem gesteigerten Gefühl für Dramatik.

- IRON MAIDEN – The Number of the Beast (1982) - Mit Bruce Dickinson am Mikro der endgültige Durchbruch – episch, melodisch, provokant. Pflichtprogramm.

- VENOM – Welcome to Hell (1981) - Lärm, Chaos, Satan – das Debüt ist roh, dilettantisch und revolutionär. Der Urknall des Extreme Metal.

- VENOM – Black Metal (1982) - Noch extremer, noch provokanter – dieses Album gibt einem ganzen Genre seinen Namen.

- SAMSON – Shock Tactics (1981) - Bruce Dickinsons Durchbruch vor Iron Maiden. Bluesiger, aber mit viel Drive – ein unterschätzter Klassiker.

III. Der erweiterte Kreis & Grenzgänger

- DIAMOND HEAD – Borrowed Time (1982) - Stärker produziert, etwas melodiöser – zeigt die Band auf dem Weg zur Reife.
- ROCK GODDESS – Rock Goddess (1983) - Heftige Riffs, starke Frauenstimmen – die zweite große Frauenband nach Girlschool.
- RAVEN – Rock Until You Drop (1981) - Purer Energieausbruch – wichtig für Speed- und Thrash-Metal-Pioniere wie Slayer oder Anthrax.
- TANK – Filth Hounds of Hades (1982) - Venom-artiger Krawall trifft auf Motörhead-Flair – roh und ehrlich.
- WITCHFYNDE – Give 'Em Hell (1980) - Okkult, atmosphärisch, leicht psychedelisch – ein Einfluss für spätere Doom- und Black-Metal-Bands.

DDR-Metal

Der Erfolg der NWoBHM und der Metal-Boom den sie ausgelöst hat ließ sich auch nicht durch den eisernen Vorhang zurück halten. Auch die Jugend in der DDR fuhren auf Heavy Metal ab. Die Geschichte des Ostmetals ist eine Geschichte voller Missverständnisse. Oft wird sie als bloße Kopie westlicher Musik oder als ein Akt des Widerstands gegen das DDR-Regime dargestellt. Doch die Wahrheit ist viel komplexer und facettenreicher.

1971 wurde das Verbot der Beatmusik, welches 1965 eingeführt wurde (Zitat Walter Ulbricht 1965 auf dem XI. Plenum des ZK der SED: „Ist es denn wirklich so, dass wir jeden Dreck, der vom Westen kommt, nu kopieren müssen? Ich denke, Genossen, mit der Monotonie des Je-Je-Je, und wie das alles heißt, ja, sollte man doch Schluss machen.") und in der DDR gab es eine regelrechte musikalische Revolution. Bands schossen wie Pilze aus dem Boden, und die Musikszene blühte auf. Viele Musiker, die sich zuvor im Untergrund oder im Jazz versteckt hatten, konnten nun endlich ihre Leidenschaft ausleben. Es gab aber eine Besonderheit gegenüber der Bands des nichtsozialistischen Auslandes welches betont werden sollte: Die DDR-Bands hatten in erster Linie eine „Ersatzfunktion" zu erfüllten. Die DDR-Bürger sehnten sich nach der Musik aus dem Westen, und die einheimischen Bands boten ihnen die Möglichkeit, diese live zu erleben – wenn auch meist in Form von Cover-Versionen. Hinzu kam ein Problem, das es den Bands auch nicht leicht machte. Die staatliche Plattenfirma für Unterhaltungsmusik, Amiga, war in ihren Veröffentlichungsmöglichkeiten stark eingeschränkt. Nur ein Bruchteil der Veröffentlichungen war für Rock- und Popmusik von staatlicher Seite eingeplant, so das nur ein sehr kleiner Teil der Veröffentlichungen auf Pop- und Rockmusik entfallen ist. Für viele Bands war der Rundfunk deshalb viel wichtiger als Amiga. In der DDR wurden die Charts, Hitparaden genannt, durch Wertungssendungen im Radio ermittelt. So nahm der Rundfunk viele Aufnahmen selbst auf um diese dann in ihren Sendungen zu spielen. Diese Aufnahmen wurden dann gerne auch von Amiga für Schallplatten verwendet. Auch die Klosterbrüder, die 1975 in Magdeburg umbenannt wurden, durften 1980 eine Langspielplatte mit ihren Rundfunkproduktionen veröffentlichen.

Alle Bands, die in der DDR Konzerte geben oder im Rundfunk gespielt werden wollten, mussten sich einer Einstufungskommission stellen. Diese entschied, ob die Musik als „sozialistisches Kulturgut" eingestuft wurde. Für jeden Musiker wurde eine Spielerlaubnis vergeben, die in Kategorien wie „Amateurband der Grundstufe", „Mittelstufe" und „Sonderstufe" unterteilt war. Unter bestimmten Voraussetzungen konnten Musiker sogar als Berufsmusiker eingestuft werden, was jedoch ein Musikstudium voraussetzte. Die Einstufungen dienten nicht nur der Kontrolle der Musik, sondern auch der Festlegung der Gagen, die Musiker verlangen durften. Doch viele Veranstalter fanden Wege, die Musiker zu unterstützen, indem sie ihnen höhere Gagen zahlten, wenn der Umsatz stimmte.

1981 betrat mit FORMEL 1 die erste echte Heavy-Metal-Band die Bühne. Die Musiker hatten bereits Erfahrungen in anderen Bands gesammelt und orientierten sich an der New Wave of British Heavy Metal. Um die Zensur zu umgehen, sangen sie in Berliner Mundart. Andere Bands versuchten, durch systemkonforme Texte oder versteckte Botschaften in ihren Liedern zu bestehen. Ein Beispiel für die Anpassung an die staatlichen Vorgaben war der Hit „Hallo Erde, hier ist Alpha" von Berluc, der den Flug des ersten deutschen Kosmonauten Sigmund Jähn thematisierte. Die Zensur war ein ständiger Begleiter der Ostmetal-Szene. Texte mussten in das Leitbild der sozialistischen Gesellschaft passen, und genretypische Themen wie Splatter oder Systemkritik waren tabu. Einige Bands wagten es jedoch, ihren Unmut in englischsprachigen Texten auszudrücken. Diese wurden zwar nicht im offiziellen Rundfunk gespielt, fanden aber über die Sendung „Tendenz Hard bis Heavy" auf DT64 ihren Weg zu den Fans.

Anfang der 1980er Jahre schwappte die New Wave of British Heavy Metal (NWoBHM) über die Grenzen der DDR. Hard Rock-Bands wie Babylon, Plattform und Regenbogen begannen, sich dem härteren Sound anzunähern, und neue Bands wie Argus, Macbeth, MCB, Metall und Titan betraten die Bühne. Einige Bands passten sich den Vorgaben der Obrigkeit an und wurden mit Rundfunkpräsenz belohnt. Regenbogen mit „Eiskalt", Berluc mit „No Bomb" und Babylon mit „Erde halt die Balance" sind Beispiele dafür. Doch andere Bands zogen es vor, ihren eigenen Weg zu gehen und sich mit Einstufungskommissionen, Lektoraten und der Staatsgewalt auseinanderzusetzen. Das bekannteste Beispiel für diese Bands war Macbeth, denen 1986 die Spielerlaubnis entzogen wurde. Die Musiker waren nicht auf Konfrontation mit dem System aus, sondern wollten einfach nur Heavy Metal spielen. Doch die große Anzahl an Metal-Fans, die nicht dem Bild des „ordentlichen sozialistischen Jugendlichen" entsprachen, war der Obrigkeit ein Dorn im Auge. Die staatlich erzwungene Eindämmung der Metal-Konzerte führte zu Unruhen und Ausschreitungen, was den Behörden wiederum Anlass gab, solche Veranstaltungen zu verbieten. Die Situation war jedoch regional unterschiedlich. In einigen Gegenden wurden

Metal-Fans weitgehend in Ruhe gelassen, während in anderen die Konzerte streng reglementiert oder verboten wurden.

Während Mitte der 1980er Jahre eine allgemeine Ostrock-Flaute einsetzte, die Verkaufszahlen der Platten zurückgingen und selbst auf dem Live-Sektor für die meisten Ostrock-Bands nicht mehr viel ging, waren die Metal-Combos von dieser Entwicklung nicht betroffen. Die Metal-Szene der DDR befand sich im Aufwind und zog immer mehr Fans an. Zahlreiche neue Bands wie Biest, Cobra, Crystal, Doctor Rock, Feuerstein, Hardholz, Löwenherz (später Manos), Merlin, Panther und Pharao entstanden. Sie konnten Songs für den Rundfunk aufnehmen und erlangten schnell überregionale Bekanntheit. Gegen Ende der 1980er Jahre erreichte die Thrash-Metal-Welle die DDR. Bands wie Argus (später Moshquito) und Panther wandten sich dem härteren Sound zu, und neue Bands wie Blackout, Defcon, M.A.D., Pent, Rochus, Sixtus und Viper entstanden.

Die Ostmetal-Szene spaltete sich in zwei geografisch bedingte Lager: Berlin und die südlichen Provinzen. In Berlin wurden die Fans weitgehend von der Stasi in Ruhe gelassen, während im Süden die Überwachung und Verfolgung von Bands und Fans intensiver war. Im Großraum Berlin blieben die Fans von der Stasi weitestgehend unbehelligt, denn die hatten wohl mit wirklichen Oppositionellen genug zu tun. Auch setzte die Regierung unter Erich Honecker auf „Weltoffenheit" und gerade Berlin stand diesbezüglich im Blickpunkt der westlichen Medien. Im Süden der DDR dagegen versuchten sich scheinbar einige Funktionäre profilieren zu wollen, so dass dort die Überwachung und Verfolgung von Bands und Fans durch das „Ministerium für Staatssicherheit" wesentlich intensiver gewesen ist. Doch auch in der Hauptstadt wurden den Bands noch genug Steine in den Weg gelegt. Etliche Berliner Musiker stellten einen

Ausreiseantrag. Zum Beispiel löste sich Ende 1987 die bis dahin beliebteste Heavy-Metal-Formation des Ostens, Formel I, auf, weil „die Offiziellen unserer Kreativität nur Passivität entgegenhielten" (so Norbert Schmidt von Formel 1). Die Band hatte im Jahr zuvor eine Langspielplatte („Live im Stahlwerk") veröffentlichen dürfen und bekam dafür viele positive Resonanzen auch von westdeutschen Metal-Magazinen. Diese LP wurde übrigens live aufgenommen, weil das kostengünstiger war, als diese Songs im Studio aufzunehmen. Auch mit den Texten hatten es FORMEL 1 nicht leicht. Einer der von Sänger Norbert Schmidt verfassten Texte handelte von normalen Metal-Fans, welche tagsüber arbeiten gingen und in ihrer Freizeit dann den Heavy-Metal-Spirit ausleben wollten. Nicht nur der Titel dieses Songs musste zwangsweise von „Vorurteil" in „Ein Heavy zu sein" geändert werden! Diese Ereignisse und andere von der Obrigkeit gelegte „Hemmschuhe" bewirkten eine große Frustration bei den Musikern, welche daraufhin Formel 1 auflösten und Ausreiseanträge stellten. Damals wurde alles, was die republikflüchtigen Musiker hinterließen, wenn möglich totgeschwiegen (kein Airplay und keine auch noch so kleine mediale Erwähnung irgendwelcher Art), so daß sich die zurückgebliebenen Musiker neue Betätigungsfelder suchen mussten. So wechselten zwei der ehemaligen Formel 1-Musiker kurzzeitig zu PHARAO, der Band um Sänger Reinhard „Jacky" Lehmann, welche 1986 gegründet wurde. Im Jahre 1988, als die Texte der Band nur noch in Englisch verfasst wurden, war die Popularität der Berliner dann so groß, dass Angebote von Konzert-Veranstaltern und Plattenfirmen aus dem Westen eintrudelten. Auf diese Angebote durften PHARAO aber auf Weisung der DDR-Obrigkeit nicht eingehen, weil man „politisch nicht tragbar" sei. Anfang 1989 kam dann von „Amiga" ein Angebot für eine Platten-

Produktion, aber es wurden deutschsprachige Texte gefordert, was die Berliner ablehnten. Im Frühsommer 1989 verließ Reinhard „Jacky" Lehmann die DDR und besorgte der Band anhand mitgebrachter Demo-Tapes einen Plattenvertrag im Westen. Nach dem Mauerfall holte er die restlichen Bandmitglieder nach Stuttgart, wo dann letztendlich die erste PHARAO-CD aufgenommen wurde.

Im zweiten Teil dieses Buches möchte ich jene Bands vorstellen, ohne die es die New Wave of British Heavy Metal so nicht gegeben hätte – und jene, die mittendrin waren, als sich alles veränderte.

Die Auswahl ist subjektiv, keine Frage. Sie folgt nicht dem Verkaufserfolg, keinem Musikpreis und keiner Rangliste. Sie folgt nur einem Gedanken:

Welche Bands haben Spuren hinterlassen? Welche Klänge wirken bis heute nach? Und bei wem schlägt das Herz der NWoBHM besonders laut?

Wer sich auf diese Reise einlässt, wird auf Klassiker stoßen, auf Legenden, auf Underdogs und auf Bands, die vielleicht nur kurz aufleuchteten – aber dabei ein ganzes Genre elektrisierten.

Vielleicht entdeckt man Altbekanntes neu. Vielleicht hört man etwas, das man nie beachtet hat. Und vielleicht ist das genau der Reiz daran:

Denn guter Metal findet dich – wenn du hinhörst.

Die Vorreiter

Bevor die New Wave of British Heavy Metal über England hinwegfegte, gab es sie bereits – die Väter, die großen Brüder, die Wegbereiter.

Sie kamen aus den 60er- und 70er-Jahren, spielten Bluesrock, Hard Rock oder eine ganz eigene Mischung daraus – und sie schufen etwas, das lauter, dunkler, schneller war als alles zuvor.

Ohne ihre Riffs gäbe es keine Speed-Attacken. Ohne ihre Texte keine Rebellion. Ohne ihre Konzerte keine Szene, die sich formte.

Dieses Kapitel ist ihnen gewidmet: Black Sabbath, Deep Purple, Led Zeppelin, Thin Lizzy – und Motörhead, die sich zwar keiner Welle zuordnen wollten, aber viele losgetreten haben.

Sie sind nicht Teil der NWoBHM, aber sie stehen an ihrem Ursprung – wie dunkle Sterne über einem neuen Himmel.

Black Sabbath

Wenn man nach den Gründervätern des Heavy Metal fragt wird man sehr oft zur Antwort bekommen das diese Black Sabbath sind. Sie gelten als die unbestrittenen Paten des Heavy Metal. Ihr melancholisch Sound, ihre schleppende Gitarrenriffs und ihre mystischen Texten stellten in den frühen 1970er Jahren die Weichen in Richtung Metal und sie legten den Grundstein zum Metal. Dabei ist die Geschichte der Band einerseits eine Erfolgsgeschichte und andererseits eine Achterbahnfahrt aus vielen Besetzungswechseln, Drogenexzessen und musikalischen Experimenten.

1968 wird im englischen Birmingham durch die Schulfreunde Ozzy Osbourne, Tony Iommi, Geezer Butler und Bill Ward die Polka Tulk Blues Band gegründet. Damit beginnt die Geschichte von Black Sabbath. 1969 benannten sie sich in den Namen um, der heute jedem Metal-Fan die Ehrfurcht ins Gesicht schreibt. Sie ließen sich dabei von dem "Die drei Gesichter der Furcht" (I tre volti della paura, 1963) von Mario Bava mit Boris Karloff inspirieren. Zu Beginn ist die Musik der Band noch sehr stark vom Bluesrock geprägt. Aber Ozzy und Co. entdeckten schnell ihre Vorliebe für düstere Klänge. Es entstand ein Sound der härter war und geprägt wurde durch den markanten Gesang von Ozzy und Tonys schweren Gitarrenriffs. 1970 erschien ihr Debütalbum „Black Sabbath" und schlug ein wie eine Bombe. Es gilt heute als ein Meilenstein des sich langsam herausbildenden Heavy Metal. Sieben Monate nach dem selbst betitelten Debütalbum kam schon der Nachfolger "Paranoid" mit den Songs „Iron Man", „War Pigs" und der Titeltrack „Paranoid", die jeder Metaler heute noch kennt, heraus. Mit "Paranoid" schafften Black Sabbath endgültig den Durchbruch.

Von 1970 - 1978 veröffentlichten Black Sabbath acht Alben mit, denen sie ihr Status als eine der wichtigsten Rockbands der Welt festigen konnten. Doch der Erfolg brachte auch Probleme und so gärte es hinter den Kulissen. Drogenexzesse, Streitereien und Besetzungswechsel prägen die Bandgeschichte. 1979 verlässt Ozzy Osbourne die Band und startet eine erfolgreiche Solokarriere. 1979 stieß Ronnie James Dio zu Black Sabbath und für die Band beginnt eine neue Ära. Bereits 1982 verlässt Dio aber Black Sabbath wieder um seine eigene Band zu gründen. Mit Dio als Sänger veröffentlichten Sabbath die kommerziell sehr erfolgreichen Alben "Heaven and Hell" (1980) und "Mob Rules" (1981). Auf der "Heaven and Hell Tour" verwendete Dio zum ersten Mal die "Mano cornuta", die sich daraufhin zu einem festen Bestandteil der Metal-Szene entwickelte. Das Handzeichen, was von vielen "Pommesgabel" genannt wird, zeigte Dio anstelle des Victory-V das Ozzy oft gebrauchte. Nach Dios Weggang folgten weitere und viele Wechsel innerhalb von Black Sabbath. Einige gingen von Sabbath weg und kamen wieder und gingen dann wieder. So kam 1991 Ronnie James Dio zu Sabbath zurück, nur um bereits 1992 die Band wieder zu verlassen. Insgesamt gerechnet waren 30 Musiker einmal Mitglied bei der Band. Eine Sensation geschah dann 1997. Tony Iommi gelang es die Gründungsmitglieder für die Ozzfest-Tour wieder zusammen zu bringen. Es folgten weitere Touren in der Originalbesetzung und im Jahr 2013 sogar das Album "13". Am 4. Februar 2017 spielten Black Sabbath in ihrer Heimatstadt Birmingham ihr letztes Konzert.

Black Sabbath waren eine der wichtigsten Band in der Rockgeschichte. Diese Band, vor allem in der ersten Ära (in den 1970er) haben sie einen Sound entwickelt, der den Metal vorwegnahm und damit wichtige Grundsteine legte. Sie prägten die Musikwelt nachträglich. Ihr Einfluss reicht von Doom Metal über Thrash Metal bis hin zu Black Metal. Auch wenn die Bandgeschichte von Höhen und Tiefen geprägt war, bleibt Black Sabbath eine der wichtigsten und einflussreichsten Rockbands aller Zeiten.

69

Deep Purple

Deep Purple gehören mit über 130 Millionen verkauften Tonträgern zu den Säulenheiligen der Rockmusik. Doch sie sind mehr als laute Gitarrenriffs, mehr als röhrende Hammond-Orgeln und ekstatische Liveshows. Sie sind Architekten des Hard Rock, Vorreiter des klassischen Metal – und eine jener wenigen Bands, ohne die die New Wave of British Heavy Metal nicht denkbar wäre. Ihr Einfluss auf Bands wie Iron Maiden, Saxon oder Diamond Head war nicht nur musikalisch – er war strukturell: die doppelte Leadarbeit, das ausgedehnte Solospiel, die Dramatik im Songwriting, das martialische Bühnenbild. Doch wie begann ihre Geschichte? Und was macht Deep Purple bis heute so besonders?

Die Geschichte von Deep Purple beginnt 1968 in London – in einem Geschäftsbüro, nicht in einer Garage. Die Musikliebhaber und Unternehmer Tony Edwards und John Coletta hatten die Idee, in eine Rockband zu investieren – nicht als Mäzene, sondern als Strategen. Sie beauftragten den klassisch geschulten Keyboarder Jon Lord, ein Line-up zusammenzustellen. Ausgangspunkt war die lose Formation Roundabout, in der bereits der exzentrische Gitarrist Ritchie Blackmore spielte. Als sich die Besetzung klärte, entstand mit Rod Evans (Gesang), Ritchie Blackmore (Gitarre), Nick Simper (Bass), Jon Lord (Hammond-Orgel) und Ian Paice (Schlagzeug) das erste Line-up von Deep Purple. Ihren Namen wählten sie während einer Skandinavien-Tour – eine Hommage an den gleichnamigen Jazzstandard von Peter DeRose, den Blackmore einst mit seiner Großmutter verband. Schon früh wurde klar: Diese Band würde keine feste Formation bleiben. In der Geschichte von Deep Purple gab es bis heute über ein Dutzend Besetzungswechsel und vier verschiedene Sänger: Rod Evans, Ian Gillan, David Coverdale und Joe Lynn Turner. Das einzige konstante Mitglied über all die Jahre hinweg war Ian Paice – der Mann an der Schießbude, der immer blieb, wenn andere gingen.

Das Debütalbum „Shades of Deep Purple" erschien 1968 und zeigte eine Band auf der Suche nach sich selbst. Der Sound war eine Mischung aus Psychedelic Rock, Pop-Einflüssen und ersten experimentellen Ideen – noch weit entfernt vom massiven Hard-Rock-Stil der späteren Jahre. Zwar orientierte man sich stellenweise an der Eingängigkeit der Beatles, doch bereits damals war der Tonfall rauer, kantiger – für die Zeit durchaus ungewöhnlich. Noch im selben Jahr folgte „The Book of Taliesyn", ein Album, das erste Züge des Progressive Rock erkennen ließ. Besonders auffällig war das Zitat klassischer Musik, wie in der Kurzfassung des zweiten Satzes von Beethovens siebter Sinfonie. Diese Affinität zur Klassik sollte Jon Lord später zum Markenzeichen machen. Das dritte Album, schlicht „Deep Purple" betitelt, erschien 1969 und zeigte erstmals deutlich die Richtung: Hard Rock – mit wachsender Energie und struktureller Wucht. 1969 kam es dann zum entscheidenden personellen Umbruch: Rod Evans und Nick Simper mussten gehen, ersetzt durch Ian Gillan (Gesang) und Roger Glover (Bass). Die legendäre Mark-II-Besetzung war geboren – und mit ihr der Sound, der Deep Purple unsterblich machen sollte.

Noch bevor der große Durchbruch kam, verwirklichte Jon Lord einen langgehegten Traum: ein klassisch inspiriertes Werk für Rockband und Orchester. Das „Concerto for Group and Orchestra" wurde 1969 gemeinsam mit dem Royal Philharmonic Orchestra in der Royal Albert Hall uraufgeführt – ein Meilenstein, der den Versuch unternahm, Klassik und Rock auf Augenhöhe zu vereinen. Kritiker und Publikum reagierten größtenteils wohlwollend, doch Gitarrist Ritchie Blackmore war skeptisch: Zu viel Klassik, zu wenig Rock. Die Band beschloss, musikalisch härter und kompromissloser zu werden – der eigentliche Urknall ließ nicht lange auf sich warten.

1970 erschien das Album „Deep Purple in Rock" – und zementierte die Band als Speerspitze des europäischen Hard Rock. Diese Scheibe war der endgültige Befreiungsschlag: markante Gitarrenriffs, klassische Orgelkadenzen, Gillans ekstatischer Gesang – und Songs, die zu regelrechten Duellen zwischen Orgel und Gitarre wurden. Vor allem „Speed King" und „Child in Time" prägten den Sound jener Jahre. Letzterer, ein Song gegen den Vietnamkrieg, gehört bis heute zu den ikonischsten Momenten der Rockmusik.

Mit „Machine Head" (1972) und dem Livealbum „Made in Japan" (ebenfalls 1972) folgten Meilensteine des Hard Rock. Songs wie „Smoke on the Water", „Highway Star" und „Black Night" wurden zu Hymnen – nicht nur für die Charts, sondern für eine ganze Generation von Gitarrenschülern. Doch hinter den Kulissen brodelte es. Persönliche Spannungen und kreative Differenzen führten dazu, dass Ian Gillan und Roger Glover die Band verließen. Ihre Nachfolger wurden David Coverdale (Gesang) und Glenn Hughes (Bass/Gesang). Doch der innere Druck wuchs, und 1976 war Schluss: Deep Purple lösten sich vorerst auf.

1984 kam es zu einer Sensation – nicht nur für eingefleischte Deep-Purple-Fans, sondern für alle, die den Hard Rock atmen. Die legendäre Mark-II-Besetzung – Gillan, Blackmore, Glover, Lord, Palce – fand wieder zueinander. Es war mehr als Nostalgie: Mit dem Comebackalbum „Perfect Strangers" bewiesen sie, dass sie nichts von ihrer Energie, ihrem Instinkt und ihrer kreativen Wucht verloren hatten. Die Platte war kraftvoll, melodisch, episch – ein Statement in einer Zeit, in der Metal bereits in neue Höhen schoss.

Auch wenn die Wiedervereinigung nicht von Dauer war, blieb der Name Deep Purple in den 1980er und 1990er Jahren präsent – als Studio- wie als Liveband, als Inspiration und als lebende Legende. Für die Entwicklung der New Wave of British Heavy Metal war Deep Purple weit mehr als nur ein Vorbild: Sie lieferten die Blaupause für Härte und Virtuosität, für den Dialog zwischen Gitarre und Orgel, für den Mut zur Größe – und für das Verständnis, dass Rockmusik nicht nur laut, sondern auch komplex, verspielt und künstlerisch sein darf. Ohne Deep Purple wären viele der Gitarrenhelden der NWoBHM nicht denkbar – und viele Bands wären nie auf die Idee gekommen, zwischen Speed, Melodie und Epik eine Brücke zu schlagen.

Led Zeppelin

Led Zeppelin – schon der Name klingt wie das Grollen eines Gewitters am Horizont. Und genau das waren sie: ein tektonisches Beben in der Geschichte der Rockmusik. Mit über 300 Millionen verkauften Alben zählen sie zu den Titanen der Musikwelt. Doch ihr Vermächtnis ist mehr als bloßer Erfolg. Sie legten den Grundstein für einen neuen, härteren Sound – ein Erbe, das später die New Wave of British Heavy Metal prägen sollte. Wie fing alles an? Und was machte Led Zeppelin so unwiderstehlich – so anders?

Die Geschichte beginnt mit den letzten Zügen der Yardbirds, jener britischen Bluesrock-Band, in deren Reihen ein junger Jimmy Page die Bühne nicht nur betrat, sondern dominierte. Als die Band zerfiel, blieb Page allein zurück – mit Visionen im Kopf und dem festen Willen, etwas Neues zu erschaffen. Keine gewöhnliche Band, sondern eine Supergroup, die mit donnerndem Sound und unbändiger Energie alles bisher Dagewesene überstrahlen sollte.

Für die Besetzung hatte Page ursprünglich andere Musiker im Visier – doch wie so oft in der Rockgeschichte schrieb das Schicksal den besseren Song. Robert Plant, ein junger Sänger mit goldener Mähne und einer Stimme wie aus Feuer und Rauch, wurde auf Empfehlung von Alexis Korner eingeladen – und überzeugte Page im ersten Moment. Mit ihm kam sein Jugendfreund John Bonham, dessen druckvolles Schlagzeugspiel später als eines der lautesten und kraftvollsten der Rockgeschichte gelten sollte.

Der letzte im Bunde war John Paul Jones, ein erfahrener Studiomusiker, der sich selbst ins Spiel brachte – nachdem seine Frau in der Zeitung von Pages Projekt gelesen hatte. Mit ihm kam nicht nur ein brillanter Bassist, sondern auch ein versierter Arrangeur und Multiinstrumentalist ins Boot. So war das Line-up komplett – und der Sturm nahm Gestalt an.

Der Name Led Zeppelin soll – so will es die Legende – vom Schlagzeuger der Who, Keith Moon, stammen. Als Jimmy Page ihm von seiner neuen Band erzählte, witzelte Moon, das Projekt werde vermutlich „abstürzen wie ein bleiernes Luftschiff" (go down like a lead balloon). Page, ganz britischer Humorist, nahm die Bemerkung mit einem Augenzwinkern auf – und machte sie kurzerhand zum Bandnamen.

Im Januar 1969 erschien ihr Debütalbum „Led Zeppelin" – ein musikalischer Donnerschlag. Mit einer kompromisslosen Mischung aus hartem Bluesrock, pulsierendem Hard Rock und folkigen Zwischentönen sprengte es Genregrenzen und Erwartungen. Die Presse reagierte oft reserviert – manche Kritiker warfen der Band Überheblichkeit oder klangliche Wucht ohne Substanz vor. Doch das Publikum hörte mit anderen Ohren: Die erste Platte wurde zum Grundstein eines Mythos.

Mit „Led Zeppelin II" (1969) zündete die Band die nächste Stufe – das Album war roh, energiegeladen, ein Manifest aus Gitarrendruck, Sex und Swagger. „Led Zeppelin III" (1970) hingegen überraschte mit akustischen Klängen und folkigen Strukturen – ein mutiger Stilbruch, der die Vielseitigkeit der Band unterstrich.

Doch es war ihr viertes Album – offiziell namenlos, von Fans oft als „Four Symbols" oder „Zoso-Album" bezeichnet –, das sie in den Olymp der Rockmusik katapultierte. Veröffentlicht 1971, enthielt es Songs, die längst als Hymnen gelten: „Black Dog", „Rock and Roll" – und natürlich „Stairway to Heaven", eine epische Achterbahnfahrt vom zarten Akustik-Intro bis zum entfesselten Gitarrensolo. Ein Song, der nicht nur zum Klassiker wurde, sondern zur Legende.

Die 1970er-Jahre waren Led Zeppelins Dekade – ihre goldene Ära, in der sie nicht nur Musikgeschichte schrieben, sondern sie mit donnernden Schritten überholten. Sie füllten Stadien auf mehreren Kontinenten, ihre Alben verkauften sich millionenfach, und ihre Tourneen wurden zum Maßstab für Größenwahn im Rockbusiness. Private Jets, ausschweifende Partys, ein Leben im Rausch – Led Zeppelin lebten den Mythos, den sie selbst erschufen. Doch je höher der Flug, desto tiefer die Schatten. Hinter dem glänzenden Vorhang aus Ruhm und Erfolg begannen Risse sichtbar zu werden – in der Band, im Umfeld, im inneren Gleichgewicht.

Im Sommer 1977 traf Robert Plant ein Schicksalsschlag, der alles veränderte: Sein fünfjähriger Sohn Karac starb plötzlich an einer Virusinfektion. Für Plant brach eine Welt zusammen – seine Stimme, sonst ein Aufschrei aus Gold und Glut, verstummte für eine Weile ins Innere. Die Band sagte die restlichen US-Termine ab und zog sich aus der Öffentlichkeit zurück.

Es war ein Moment der Stille in einem Leben aus Lärm. Die Tragödie hinterließ nicht nur bei Plant Spuren – sie erschütterte das Fundament von Led Zeppelin und ließ erstmals Zweifel aufkommen, ob es je wieder so weitergehen konnte wie zuvor. Im August 1979 veröffentlichten Led Zeppelin ihr letztes Studioalbum: „In Through the Out Door". Es war eine überraschend experimentelle Platte – von Synthesizern durchzogen, stellenweise nachdenklich, als ahnte man bereits den Wandel. Doch der zaghafte Neuanfang sollte nicht lange währen. Am 25. September 1980 wurde John Bonham tot in seinem Bett aufgefunden – erstickt an seinem eigenen Erbrochenen nach exzessivem Alkoholkonsum. Er war gerade einmal 32 Jahre alt. Für die Welt war es der Verlust eines der mächtigsten Schlagzeuger, die Rockmusik je gehört hatte. Für Led Zeppelin war es der Moment, in dem das Herz aufhörte zu schlagen.

Die verbliebenen Mitglieder – Jimmy Page, Robert Plant und John Paul Jones – trafen eine Entscheidung, die in der Rockwelt selten ist: Sie lösten die Band auf. In einer schlichten, aber kraftvollen Presseerklärung hieß es: „Wir können nicht ohne John weitermachen." Es war kein Ende aus Kalkül – sondern aus Treue, Respekt und der Erkenntnis, dass Led Zeppelin ohne Bonham nicht mehr Led Zeppelin wäre.

Auch nach ihrer Auflösung klang Led Zeppelin nicht einfach aus – sie hallten nach. Ihre Musik wurde zum Kompass für unzählige Musiker, ein Fundament, auf dem ganze Genres gebaut wurden. Ob riffgewaltige Metalbands, progressive Rockformationen oder epische Soundarchitekten – sie alle zehren bis heute vom Erbe der Vier. Songs wie „Kashmir", „Whole Lotta Love" oder „When the Levee Breaks" sind keine bloßen Klassiker – sie sind kulturelle Koordinaten im großen Atlas der Rockmusik.

Über die Jahre hinweg brodelte die Gerüchteküche regelmäßig – Fans und Medien hofften, flüsterten, spekulierten über eine Wiedervereinigung. Doch Led Zeppelin blieben standhaft – bis 2007, als sie für ein einziges Konzert in der Londoner O2-Arena die Bühne betraten.

Am Schlagzeug: Jason Bonham, der Sohn des verstorbenen John Bonham – ein Moment voller Symbolik, Stolz und Sentimentalität. Die Tickets waren in Minuten vergriffen, das Konzert wurde zum heiligen Gral der Rockwelt – ein würdiger, triumphaler Nachhall der Legende.

Auch ohne neue Musik, ohne Weltreise oder Comebacktour bleibt Led Zeppelin das, was sie immer waren: eine ewige Referenz, ein Monument der Rockmusik.

Was machte Led Zeppelin so einzigartig? Es war ihre beinahe alchemistische Fähigkeit, unterschiedlichste Musikstile zu einem neuen, unverwechselbaren Klanggebilde zu verschmelzen – roh und raffiniert zugleich.

Blues, Rock'n'Roll, britischer Folk, Psychedelic Rock – sie nahmen diese Elemente nicht einfach auf, sie verwoben sie, transformierten sie, ließen sie in einem Sound aufgehen, der so schwer zu fassen war wie Nebel in Flammen.

Led Zeppelin waren kein Puzzle aus Versatzstücken. Sie waren ein neues Element im Periodensystem des Rock.

Jimmy Page war mehr als ein Gitarrist – er war ein Architekt des Sounds, der Riffs wie Kathedralen baute und mit seinem innovativen Spiel ganze Klanglandschaften erschuf. Seine Soli waren keine Showeinlagen, sondern magische Spiralen aus Feuer, Feedback und Gefühl.

Robert Plant – goldgelockt, barfuß, mit der Stimme eines Schamanen – beherrschte das gesamte Spektrum zwischen zartem Wispern und ekstatischem Aufschrei. Seine Präsenz war magnetisch, sein Gesang ein Sturm aus Sehnsucht und Sinnlichkeit.

John Paul Jones, das stille Genie, hielt alles zusammen. Als Bassist, Keyboarder und Arrangeur war er das musikalische Rückgrat der Band – unauffällig vielleicht, aber unverzichtbar. Seine Linien gaben Tiefe, sein Spiel eröffnete Räume.

Und dann war da John Bonham – „Bonzo" –, dessen Schlagzeugspiel nicht einfach laut, sondern elementar war. Jeder Beat hatte Gewicht, jede Fills eine Urgewalt. Bonham trommelte nicht – er ließ die Erde beben.

Auch die Texte von Led Zeppelin waren mehr als bloß Worte – sie waren Beschwörungen, Träume, Schlüssel zu anderen

Welten. Oft durchzogen von Mystik, Poesie und archaischen Bildern, entwarfen sie Landschaften aus Legenden, Sehnsucht und Schatten.

Allen voran Robert Plant, der nicht nur sang, sondern flüsterte, rief, erzählte – wie ein moderner Barde mit E-Gitarre im Rückenwind. Seine Liebe zu J.R.R. Tolkien prägte Songs wie „Ramble On", in dem Frodo, Mordor und Gollum durch die Klangwellen geistern. Doch auch in Stücken wie „The Battle of Evermore" oder „No Quarter" finden sich Spuren alter Mythen und epischer Welten.

Die Worte und die Musik gingen dabei eine Symbiose ein – jede Zeile schwang im Rhythmus der Riffs, jeder Vers war ein Echo des Klangs. Es war, als würde man nicht nur hören – sondern wandern, träumen, fliehen.

Led Zeppelin waren nicht nur Meister des Studios – sie waren Giganten der Bühne. Ihre Konzerte galten als Zeremonien, als Klangreisen, in denen Songs wie „Dazed and Confused" auf 30 Minuten anwuchsen, durchzogen von ausufernden Soli, spontanen Interaktionen und einer Energie, die regelrecht in der Luft vibrierte. Improvisation war ihr Markenzeichen, jedes Konzert ein Unikat. Sie setzten neue Maßstäbe für das, was eine Rockshow sein konnte – musikalisch, visuell, emotional.

Und wie bei jeder Legende, ranken sich auch um Led Zeppelin Mythen – die bekannteste wohl: die angeblichen rückwärts versteckten satanischen Botschaften in „Stairway to Heaven". Robert Plant hat diese Behauptungen stets zurückgewiesen, doch allein die Existenz solcher Theorien zeigt: Diese Band war mehr als Klang – sie war Projektionsfläche, Mysterium, Kult.

Led Zeppelin prägten die DNA des Hardrock – und lieferten damit das Rohmaterial, aus dem spätere Generationen den

Heavy Metal formten. Ihr Einfluss hallt bis in die 1980er hinein und war wesentlicher Nährboden für die New Wave of British Heavy Metal: für ihre Riffs, ihre Improvisationen, ihren Hang zum Epischen – und für den Mut, musikalische Grenzen zu sprengen.

Sie waren keine Kinder der NWoBHM – aber ihre Paten.

Motörhead

Motörhead – das ist keine Band, das ist ein lauter, dreckiger Urknall. Es ist Rock'n'Roll mit Schleifspur, ein Lebensgefühl zwischen Speed, Whiskey und ehrlicher Wut. Mit ihrer unbändigen Energie, dem kompromisslosen Sound und Lemmy Kilmister als lebendem Totem prägten sie nicht nur die Musikwelt – sie legten das Fundament für eine Bewegung, die sie selbst nie sein wollten: die New Wave of British Heavy Metal. Motörhead waren nie Teil der Szene – aber sie waren ihr großer Bruder, ihr Anführer wider Willen. Während andere das Genre definierten, zeigten Lemmy und seine Bande, wie man es lebt.

Die Geschichte von Motörhead beginnt nicht mit einem Plan, sondern mit einem Rauswurf. 1975 wird Lemmy Kilmister, Bassist mit Bart, Bass und mehr Watt als Worte, von der Space-Rock-Band Hawkwind gefeuert – wegen Drogenproblemen, aber eigentlich, weil er zu laut, zu schnell, zu Lemmy war. Doch statt sich zu ducken, schlug er zurück – mit Verstärkern, nicht mit Worten. Lemmy gründete Motörhead – eine Band so kompromisslos wie ein Faustschlag auf die Zwölf. Es war keine Reaktion, es war eine Revolution aus Trotz. Ein neues Kapitel, das nicht auf Zustimmung wartete, sondern sie überfuhr.

Der Name war kein Zufall. „Motörhead" – amerikanischer Slang für einen, der dem Speed verfallen ist, körperlich wie geistig. Ein Synonym für Amphetamin-Junkies, aber auch ein Codewort für die, die es nicht langsam mögen – weder im Leben, noch in der Musik. Und genau das war die Band: schnell, laut, unberechenbar. Ein Presslufthammer auf zwei Beinen, ein Rock'n'Roll-Selbstversuch unter Strom. Keine Nuancen, keine Kompromisse – nur Tempo, Dreck und Adrenalin.

Motörhead passten in keine Schublade – also traten sie sie ein. Ihr Sound war ein gewaltiger Mix aus Punk-Wut, Hard-Rock-Power, Rock'n'Roll-Schmutz und Blues-Feeling – aber in einer Geschwindigkeit, die damals niemand für möglich hielt. Lemmy spielte den Bass wie eine Kettensäge auf Speed – nicht unter dem Song, sondern mitten durch ihn hindurch. Seine Riffs waren keine Begleitung, sie waren das Rückgrat, das Rückstoß und Rhythmus zugleich lieferte. Die Texte? Roh, ehrlich, direkt – immer auf Angriff. Motörhead inszenierten sich als Outlaws, als Straßenköter mit Verstärker, und gewannen damit die Herzen der Punk-Szene ebenso wie der Headbanger. Bei ihren Konzerten eröffnete Lemmy mit einem Satz, der alles sagte – und nichts erklären musste: „We are Motörhead – and we play Rock'n'Roll." Sie waren nie „Metal" im klassischen Sinn – aber sie wurden das verrückte Bindeglied zwischen Punk und Heavy Metal. Ein Ventil. Ein Brandbeschleuniger. Ein Tritt in den Arsch für beide Welten.

Zwischen 1979 und 1980 zündete Motörhead ein musikalisches Inferno. Mit den Alben „Overkill", „Bomber" und dem unsterblichen „Ace of Spades" trafen sie den Nerv einer Szene, die gerade dabei war, sich selbst zu erfinden. „Overkill" war der D-Zug mit doppelter Bassdrum, der dem Hard Rock das Tempo beibrachte. „Bomber" war dreckig, aggressiv, zügellos. Und „Ace of Spades" wurde zur Hymne der Entgrenzung – eine Spielanleitung für Wahnsinn mit Anlauf. Diese Songs waren mehr als nur Hits – sie waren Bekenntnisse. Motörhead sprachen nicht über Rebellion, sie waren Rebellion. Sie tourten unermüdlich, spielten lauter, schneller, härter als alle anderen – und in den Proberäumen Englands stimmten junge Bands ihre Gitarren einen Ton tiefer, gaben dem Bass mehr Dreck – und begannen, dem Bastard aus Punk und Metal ein Gesicht zu geben. Die NWoBHM war geboren – Motörhead waren ihre Geburtshelfer.

„Ace of Spades", „Overkill", „Bomber" – das waren keine Songs mehr, das waren Schlachtrufe, die ganze Hallen in Bewegung setzten. Motörhead tourten, als gäbe es kein Morgen – laut, dreckig, kompromisslos. Ihre Konzerte waren keine Shows im klassischen Sinn – sie waren Soundgewalten, ein-stündige Eskalationen aus Schweiß, Licht und Lärm. Wer einmal dort war, wusste: Das war kein Konzert – das war ein Ritus. Lemmy, fest verwachsen mit Mikrofon und Marshall-Türmen, war nicht Gastgeber – er war Hohepriester einer Religion aus Verzerrung und Geschwindigkeit. Und zwischen all dem: Fans, die nicht konsumierten, sondern mitlebten. Für sie war Motörhead kein Act. Es war eine Identität.

Die Geschichte von Motörhead ist auch die Geschichte einer rotierenden Besetzungsliste – aber nie eine der musikalischen Beliebigkeit. Gitarristen kamen und gingen, Drummer wechselten die Schlagzeuge – doch eines blieb immer gleich: Der Sound. Der Drive. Lemmy. In den 1980er- und 1990er-Jahren flauten die Verkaufszahlen ab, MTV drehte sich weg, und der Mainstream schielte lieber zu Hair Metal oder Grunge. Doch Motörhead ließen sich nicht abschreiben. Sie veröffentlichten weiter Alben – laut, roh, echt – und tourten, als hinge ihr Leben davon ab. Weil es das irgendwie auch tat.

In den 2000er-Jahren zundeten Motörhead ein zweites Triebwerk – nicht als Comeback, sondern als späte Blüte einer Band, die nie aufgehört hatte zu blühen. Auf Festivals wie Wacken, Download oder Hellfest begeisterten sie plötzlich auch jene, die zur Zeit von „Overkill" noch gar nicht geboren waren. Motörhead wurden zur Brücke zwischen Generationen – zeitlos, respektiert, gefeiert. Alben wie „Hammered" (2002) und vor allem das wütende „Inferno" (2004) zeigten eine Band, die nicht alt, sondern schärfer geworden war. Härter, kompromissloser, fokussierter. Während andere Veteranen milder wurden, schlug Motörhead härter denn je zu – und klangen, als wären sie gerade erst losgefahren.

2005 – nach Jahrzehnten auf Tour, zwischen Asche, Rauch und Feedback – erhielt Motörhead ihren ersten Grammy Award. Ausgerechnet für eine Coverversion von Metallicas „Whiplash" – ein Song, der selbst ohne Motörhead nie denkbar gewesen wäre. Die Schüler geehrt durch die Lehrer – und umgekehrt. Es war kein Ritterschlag im klassischen Sinn, sondern eher ein verbeulter Pokal für ein Leben gegen den Strich. Motörhead hatten nie auf Preise geschielt, nie den Weg des geringsten Widerstands gewählt – und genau deshalb respektierte man sie am meisten. Lemmy nahm die Ehrung wie immer: mit Sonnenbrille, Schnauzer und einem Grinsen, das mehr sagte als jede Dankesrede.

Lemmy Kilmister war kein gewöhnlicher Frontmann – er war das Zentrum eines eigenen Universums. Mit seiner rauen Stimme, dem markanten Kinn, dem Cowboyhut und der ewigen Kippe im Mundwinkel wurde er zur Ikone des Rock'n'Roll, zur unantastbaren Gestalt zwischen Bühne, Bar und Backstage-Wahnsinn. Er lebte, wovon andere sangen: Schneller leben, schneller fahren, lauter spielen. Ja, der Alkohol war stets dabei, die Frauen auch – doch Lemmy war kein Abziehbild. Er war klug, witzig, scharfzüngig, ein Gentleman im Gewand des Gesetzlosen. Am 28. Dezember 2015 starb Lemmy an den Folgen einer Krebserkrankung – nur zwei Tage nach seiner Diagnose, nur vier Tage nach seinem 70. Geburtstag. Mit ihm starb nicht nur ein Musiker – mit ihm endete Motörhead. Denn Motörhead war nie eine Band, die ersetzt werden konnte. Motörhead war Lemmy. Lemmy war Motörhead.

Als die Nachricht von Lemmys Tod am 28. Dezember 2015 um die Welt ging, war es, als würde jemand den Strom abstellen – für einen Moment war es still in der Welt des Lärms. Musiker, Fans, Wegbegleiter – von Metallica, Guns N' Roses, Dave Grohl, Ozzy Osbourne, Slash bis hin zu Underground-Bands aus Norwegen, Brasilien oder Japan – alle zollten ihm Respekt. Es war kein höflicher Abschied, sondern ein echtes, raues, weltumspannendes Tribut. Denn Lemmy war mehr als nur eine Legende des Rock'n'Roll. Er war ein Wahrzeichen für Unverfälschtheit, für Durchhaltevermögen, für Haltung. Und genau deshalb lebt seine Musik weiter – in jeder verzerrten Gitarre, in jedem Bierfleck auf einem Verstärkergehäuse, in jeder Band, die lieber echt als erfolgreich sein will. Motörhead ist nicht mehr – aber ihr Geist ist überall.

Die Frage, was Motörhead eigentlich waren, beschäftigt Fans, Kritiker und Musikwissenschaftler bis heute – und das liegt nicht daran, dass es keine Antworten gibt, sondern zu viele. In der Metalpresse galten sie meist als harte, schnelle, kompromisslose Metalband. Doch wer genauer hinhörte – oder Lemmy einfach selbst fragte – bekam eine andere Antwort: „We play Rock'n'Roll." Punkt. Der Musikwissenschaftler Dietmar Elflein fasste es einmal so zusammen: Motörhead seien keine Metalband, sondern eine Weiterentwicklung des Rock'n'Roll – „Chuck Berry, nur verzerrter und lauter", sagte er im Interview mit der taz. Und vielleicht liegt genau darin das Geheimnis: Motörhead waren nie ein Genre. Sie waren ein Aggregatzustand. Eine Haltung. Ein lauter Mittelfinger gegen alle, die einordnen wollten, was sich nicht einordnen lässt.

Auch Steve Waksman, einer der wichtigsten Rockhistoriker unserer Zeit, bringt es auf den Punkt: Motörhead waren die erste Band, die Punk und Heavy Metal tatsächlich miteinander verband. Kein Crossover, kein Kompromiss – sondern pure Schnittmenge. Der Musikjournalist Ian Christe beschreibt sie als Brücke zwischen Black Sabbath und der Punk-Explosion der späten 1970er Jahre – also als Scharnier zwischen zwei Welten, die sich zunächst gegenseitig verachteten. Der Rolling Stone nannte sie einmal „den kleinsten gemeinsamen Nenner zwischen Punk und Metal", das Rock Hard sprach gar von einem „völlig eigenständigen Bastard aus Rock'n'Roll und Punk" – eine Mischung, die zwar keiner gesucht hatte, die aber alle brauchten. Und genau das machte Motörhead so bedeutend für die aufkommende NWoBHM: Sie zeigten, dass man keine Grenzen braucht, um Haltung zu zeigen – nur Lautstärke, Haltung und verdammt gute Songs.

Der Kulturwissenschaftler Jörg Scheller sieht in Motörhead einen Sonderfall – nicht „entweder-oder", sondern „sowohl-als-auch". Für ihn war die Band zugleich klassischer Heavy Metal und purer Rock'n'Roll, und er beschreibt ihren Stil als eine explosive Mischung aus „Freiheitsdrang der Sechziger, Anarchismus und Nihilismus des Punk, maschineller Kälte des Metal und Lebenslust urwüchsigen Rock'n'Rolls". Doch am besten brachte es Lemmy selbst auf den Punkt – in einem Interview mit dem Rolling Stone sagte er trocken: „Wir sind keine Metalband. Wir machen Motörhead Music." Für ihn hatte Motörhead mehr mit The Damned zu tun als mit Black Sabbath. Er bewunderte die Energie des Punk, verachtete das Pathos des Metal, und sortierte Judas Priest oder Sabbath in eine andere Schublade – eine, in die er sich nie stecken lassen wollte. Interessanterweise klangen für Lemmy selbst die Bands der New Wave of British

Heavy Metal und später Metallica mehr nach Punk als nach Metal. Und vielleicht ist das die größte Ironie: Der Mann, der den Metal schneller machte, fühlte sich immer näher am Lärm der Straße als an den Kathedralen des Heavy Metal.

Für Motörhead war der Begriff „Rock'n'Roll" keine nostalgische Geste – er war Bekenntnis, Banner, Bastion. Lemmy verstand Rock'n'Roll im Sinne der 1950er – als Musik der Rebellen, der Außenseiter, der Unangepassten. Seine Songs handelten nicht von Drachen oder Dämonen, sondern von Benzin, Frauen, Städten, Clubs, Exzessen – vom echten Leben. Stücke wie „Angel City", „Going to Brazil" oder „Don't Waste Your Time" atmen den Geist von Chuck Berry, bloß schneller, lauter, kantiger. Auch ihre Coverversionen, etwa von „Blue Suede Shoes" oder „Hoochie Coochie Man", waren keine Verbeugungen – sie waren Kettensägen-Hommagen an eine Ära, die Lemmy nie verlassen hatte. Und so begann jedes Motörhead-Konzert mit den Worten, die zum Schlachtruf einer ganzen Subkultur wurden: „Hello. We are Motörhead – and we play Rock'n'Roll!" Keine Erklärung. Keine Entschuldigung. Nur Wahrheit auf elf.

Motörhead waren nicht nur laut – sie waren schnell, brutal, kompromisslos. Und genau das machte sie zu den unbestrittenen Wegbereitern des Speed Metal. Das Billboard Magazine nannte ihren Stil einmal „überwältigend, laut und schnell" – und genau das war es, was Gitarristen, Schlagzeuger und Songwriter auf der ganzen Welt elektrisierte. Songs wie „Overkill" und „Bomber" wurden zur Blaupause für Thrash Metal, die knallende Doublebass von Phil „Philthy Animal" Taylor auf „Overkill" zur Urform des Blastbeats. Kein Wunder, dass Bands wie Metallica, Slayer oder Anthrax ihre ersten Takte im Schatten von Motörhead schrieben. Das Album „Overkill" wurde zum inoffiziellen Startsignal für die New Wave of British Heavy Metal, während

„Ace of Spades" längst nicht mehr nur ein Song ist – sondern ein Wahrzeichen des Rock'n'Roll an sich. Es gibt kaum ein Subgenre des Metal, in dem nicht irgendwo ein bisschen Motörhead steckt. Schon Ende der 1970er coverten Bands wie die Tygers of Pan Tang ihre Songs – ein klares Zeichen, dass die NWoBHM Motörhead nicht nur hörte, sondern verinnerlichte. Die Black-Metal-Pioniere Venom und Bathory fanden in Lemmys ungeschliffener Härte den Geist, den sie später mit Corpsepaint und Kälte weitertrugen. Und drüben in den USA war es die erste Death-Metal-Welle – Possessed, Master, Death Strike –, die sich den Dreck, das Tempo, den Willen zum Chaos von Motörhead abschaute. In den 80ern prägten sie den Metalcore, in den 90ern den Crust – und bis heute nennen Musiker von Voivod bis Darkthrone, von Napalm Death bis High on Fire ihren Namen mit einer Mischung aus Ehrfurcht und Stolz. Denn egal ob Black, Thrash, Death, Doom, Punk oder Power Metal: Motörhead waren die schmutzigen Paten aller.

Der Einfluss von Motörhead endet nicht mit Lemmys Tod – er zieht sich wie ein verzerrter Stromschlag durch die Musik bis heute. In den 2000er-Jahren kehrte Fenriz, der nordische Underground-Titan von Darkthrone, dem puristischen Black Metal den Rücken und suchte sich neue Koordinaten. Was er fand, war Motörhead. Ihr rauer, ehrlicher Sound, die explosive Mischung aus Punk und Metal, wurde für ihn zum Vorbild eines neuen Geistes: „Metalpunk" – roh, dreckig, echt. Was Lemmy einst begann, lebt weiter – in jeder Band, die lieber Proberaum als Perfektion wählt. Neben dem Bandlogo trug Motörhead ein zweites Gesicht – und dieses knurrte: Snaggletooth, auch bekannt als „Krummzahn", war kein Maskottchen im niedlichen Sinn, sondern eine Bestie aus Blech, Knochen und Wahnsinn. Ein aufgerissener Maulschädel, irgendwo zwischen Keiler,

Höllenhund und Stahlbestie, verziert mit Helm, Eisenem Kreuz und Ketten – ein Symbol, das mehr grunzte als sprach, und doch jeder verstand: Hier gibt's keine Gnade. Entworfen wurde Snaggletooth 1975 vom Künstler Joe Petagno, der damit seine Vorstellung eines Hells-Angels-Schädels verwirklichte. Das Wesen erschien erstmals auf dem Cover des Debütalbums „Motörhead" (1977) – und wurde zur Ikone einer Attitüde, die sich auf Kutten, Plattencovern und Haut verewigte. Wie Motörhead selbst: roh, wild, unübersehbar.

Thin Lizzy

Thin Lizzy – das ist mehr als eine irische Rockband. Es ist der Klang von Straßenpoesie und Gitarrenblitzen, von Whiskeydunst und Kriegsgeschichten, von Herz, Schmerz und Aufbegehren. Im Zentrum: Philip Lynott, ein schwarzer Rockstar in einer weißen Szene, ein romantischer Draufgänger, der Hard Rock mit Soul, irischer Folklore und literarischem Feingefühl vereinte – und damit etwas Einzigartiges schuf. Seine Band inspirierte eine ganze Generation britischer Musiker: Iron Maiden, Def Leppard, Saxon – sie alle hörten Thin Lizzy, lange bevor sie selbst große Bühnen betraten. Besonders der zweistimmige Leadgitarren-Sound, der später zu einem Markenzeichen der NWoBHM wurde, nahm hier seinen Anfang. Dies ist nicht nur die Geschichte von Phil Lynott. Es ist auch ein Kapitel über das, was aus Leidenschaft, Melodie und Härte entstehen kann – wenn man den Mut hat, anders zu sein.

Die Geschichte von Thin Lizzy beginnt nicht in London, Birmingham oder Manchester, sondern in Dublin – weitab vom Herzen der britischen Rockszene. 1969 gründet Phil Lynott, Bassist, Sänger und Poetenfigur, zusammen mit seinem Schulfreund Brian Downey (Schlagzeug) und dem Gitarristen Eric Bell die erste Besetzung der Band. Was sie verbindet, ist keine klare Genrezugehörigkeit, sondern ein wilder Mix aus irischer Folklore, Blues, Soul, Pop, Hard Rock und Rhythm & Blues. Ihre Musik ist von Anfang an wie die Stadt, aus der sie kommen: kantig, romantisch, rau, rebellisch – aber nie gleichgültig.

Nach ersten Auftritten in irischen Clubs wurden Decca Records auf Thin Lizzy aufmerksam. Die Band zog nach London – raus aus Dublin, rein ins Zentrum des britischen Rockgeschäfts. 1971 erschien das Debütalbum „Thin Lizzy", ein Werk voller

Ideen, aber ohne große Resonanz. Auch der Nachfolger „Shades of a Blue Orphanage" (1972) verfehlte den kommerziellen Durchbruch. Doch dann kam der Song, der alles veränderte: „Whiskey in the Jar" – eine rockige Neuinterpretation eines traditionellen irischen Volkslieds. Versehen mit Lynotts unverwechselbarem Gesang und einem energiegeladenen Gitarrensolo, landete die Single 1973 in den Top Ten der britischen Charts. Es war ein Überraschungshit – und ein musikalisches Manifest: Man konnte irische Wurzeln feiern und dabei trotzdem laut, wild und modern sein. Für Thin Lizzy war das der erste große Schritt aus dem Underground – und ein Versprechen auf das, was noch kommen sollte.

Nach dem Ausstieg von Eric Bell und einigen kurzfristigen Umbesetzungen formierte sich Mitte der 1970er-Jahre endlich die klassische Thin-Lizzy-Besetzung – jene, mit der die Band ihren unverwechselbaren Stil finden und Geschichte schreiben sollte. An vorderster Front: Phil Lynott, charismatischer Bassist, Sänger und Poet. An seiner Seite: Brian Downey, sein Jugendfreund und Rhythmusgeber am Schlagzeug, sowie die beiden Gitarristen Scott Gorham und Brian Robertson, deren Zusammenspiel das Klangbild der Band für immer prägen sollte. Aus dieser Konstellation entstand jener typische Twin-Lead-Guitar-Sound, der später zur Blaupause für unzählige NWoBHM-Bands werden sollte – melodisch, hart, präzise und voller Energie.

In dieser Besetzung erreichten Thin Lizzy ihren kreativen und kommerziellen Höhepunkt. Mit Alben wie „Jailbreak" (1976) und „Bad Reputation" (1977) schrieben sie sich endgültig in die Geschichte des Hard Rock ein – nicht als Begleiter, sondern als Wegbereiter. Songs wie „The Boys Are Back in Town" und „Jailbreak" wurden zu Welthits, liefen im Radio rauf und runter, aber klangen nie glatt oder anbiedernd. Ihre Songs hatten

Kanten und Geschichten, Helden in Lederjacken, Sehnsucht und Straße, aber auch Hymnenqualitäten, die Stadionbühnen füllten. Gerade „The Boys Are Back in Town" wurde zu einer Art Rock'n'Roll-Manifest für Rückkehrer, Rebell*innen und Rastlose. Der Sound dieser Zeit – melodische Twin-Gitarren, treibende Beats und Lynotts erzählerische Texte – wurde für unzählige Bands der NWoBHM zur Blaupause.

Ihr Markenzeichen – und ihr größter stilistischer Einfluss auf spätere Generationen – war der zweistimmige Lead-Gitarren-Sound von Scott Gorham und Brian Robertson. Diese doppelten Gitarrenlinien klangen wie zwei Stimmen, die sich umkreisen, streiten, einander antworten – mal harmonisch, mal kämpferisch. Sie verliehen Thin Lizzy eine melodische Wucht, die ebenso einprägsam wie komplex war. Viele Bands der New Wave of British Heavy Metal – von Iron Maiden bis Angel Witch – übernahmen später genau dieses Prinzip: Zwei Gitarren, ein Herzschlag, tausend Möglichkeiten.

Gegen Ende der 1970er-Jahre begann sich das Bandgefüge erneut zu verändern – Besetzungswechsel wurden zur Regel, nicht zur Ausnahme. Gitarristen wie Gary Moore, Snowy White und später John Sykes brachten neue Farben in den Sound von Thin Lizzy: Mal bluesgetränkt, mal filigran, mal schneidend und aggressiv. Gerade in dieser Zeit wurde die Musik der Band offener, kantiger, härter. Blues-Elemente trafen auf erste Heavy-Metal-Anleihen, Gitarren wurden präsenter, Soli ausladender – ohne dabei die Melodie zu verlieren. Während in England gerade die New Wave of British Heavy Metal entstand, lieferten Thin Lizzy immer wieder Alben und Songs, die diese neue Szene mitprägten, herausforderten und inspirierten.

1983 zog Phil Lynott den Stecker – nach Jahren auf Tour, im Studio, im Rausch. Thin Lizzy war am Ende, zermürbt von Line-up-Wechseln, Management-Stress und persönlichen Abgründen. Doch ganz loslassen konnte Lynott nie. Er gründete die Band Grand Slam, ein letztes musikalisches Aufbäumen, das jedoch nur kurze Zeit Bestand hatte. Die Kraft reichte nicht mehr – nicht körperlich, nicht emotional. Am 4. Januar 1986 starb Phil Lynott mit nur 36 Jahren an den Folgen von Drogen- und Alkoholmissbrauch. Sein Tod war mehr als das Ende eines Musikers – es war das Verstummen einer Stimme, die Romantik, Schmerz und Stolz in Rock'n'Roll gegossen hatte. Für viele war er der erste, der zeigte, dass ein Rockheld nicht unbesiegbar sein muss, um unsterblich zu werden.

Trotz seines frühen Todes lebt Phil Lynotts Vermächtnis weiter – nicht nur in Songs, sondern in Herzen, Händen und Halshaaren von Generationen von Musikern. Thin Lizzy haben geprägt, inspiriert, elektrisiert – mit ihrem Sound, ihrer Haltung, ihrem Mut zur Melodie. Bands wie Iron Maiden, Metallica, The Darkness, Saxon und zahllose andere berufen sich bis heute auf ihren Einfluss: sei es in der Twin-Guitar-Ästhetik, in der Erzählkraft der Texte oder im Spannungsfeld zwischen Härte und Poesie, das Thin Lizzy meisterhaft beherrschte.

In den Jahren nach Lynotts Tod flackerte der Name Thin Lizzy immer wieder auf – in Reunion-Shows, Tribute-Konzerten, Tourneen mit wechselnden Besetzungen. Doch eines blieb stets konstant: Scott Gorham, Gitarrist der klassischen Ära, der das Erbe der Band nicht verwaltet, sondern lebendig hält. Mlt Würde, mit Leidenschaft, mit dem Wissen, dass es dabei nicht nur um Nostalgie geht, sondern um eine Musik, die weitergetragen werden will. Ob als Thin Lizzy oder später mit den Black Star Riders – Gorham sorgt dafür, dass Phil Lynotts Songs nicht zu Monumenten erstarren, sondern weiter atmen, weiter leuchten, weiter rocken.

Was macht die Musik von Thin Lizzy so besonders? Vielleicht ist es die Sehnsucht, die in ihren Songs mitschwingt. Vielleicht ist es der Klang von Heimat und Aufbruch zugleich. Vielleicht ist es Phil Lynotts Stimme, die wie ein urbaner Barde Geschichten erzählt – von Liebe, Verlust, Stolz und Straße. Ihre Songs tragen den Rhythmus irischer Folklore, die Direktheit des Soul und die Kraft des Hard Rock in sich – eine Verbindung, die keiner vor ihnen wagte und keiner nach ihnen je so elegant beherrschte. Und dann sind da diese Gitarren: Gorham und Robertson, zwei Saitenkünstler, die Melodien nicht nur spielten, sondern ineinander atmen ließen. Ihre zweistimmigen Leads – mal triumphierend, mal melancholisch – wurden zum Vorbild für eine ganze Generation von Gitarristen, von NWoBHM-Bands bis zu den Solisten moderner Metalformationen.

Thin Lizzy waren nicht nur eine herausragende Studio- und Songwriting-Band – sie waren eine Naturgewalt auf der Bühne. Ihre Konzerte waren elektrisierend, unberechenbar, voll Leidenschaft, Spielfreude und Soul. Im Zentrum stand Phil Lynott – ein Frontmann mit magnetischer Ausstrahlung, halb Rockstar, halb Straßenpoet. Er war nicht nur der Sänger einer Band, sondern die Verkörperung eines musikalischen Lebensgefühls, das viele der nachfolgenden Bands erst zu verstehen begannen. Die Energie, die Dualität aus Härte und Melodie, die Gitarrenläufe, die Geschichten – all das wirkte wie ein stiller Lehrplan für viele der Gruppen, die wenige Jahre später unter dem Banner der New Wave of British Heavy Metal in die Welt traten. Thin Lizzy sind mehr als nur eine Band. Sie sind ein Bindeglied zwischen den Ahnen des Hard Rock und der nächsten Generation des Metal. Ihr Einfluss ist kein Echo – er ist ein Pulsschlag, der bis heute in zahllosen Songs weiterlebt.

Die Bands der NWoBHM

Ende der 1970er und Anfang der 1980er trat eine neue Generation britischer Bands auf den Plan. Lauter, schneller, hungriger – und oft ganz ohne große Plattenfirmen im Rücken. Sie spielten in kleinen Clubs, veröffentlichten auf Kassetten und Singles in Eigenregie – und schufen damit eine Bewegung, die sich bald über ganz Europa und darüber hinaus ausbreiten sollte.

Ob Iron Maiden, Saxon, Diamond Head oder Angel Witch – sie alle trugen auf ihre Weise dazu bei, dem Metal ein neues Gesicht zu geben. Und auch Girlschool, Rock Goddess, Venom oder Judas Priest zeigten, dass Vielfalt, Mut und Haltung den Ton angaben.

Dieses Kapitel ist diesen Bands gewidmet: den echten Stimmen der NWoBHM.

Angel Witch

Angel Witch – das ist die Geschichte einer Band, die sich nie unterkriegen ließ. Trotz Rückschlägen, trotz endloser Besetzungswechsel, trotz verpasster Chancen gingen sie unbeirrt ihren eigenen Weg – und hinterließen dabei einen tiefen Abdruck in der Geschichte der New Wave of British Heavy Metal (NWoBHM). Sie waren nie die Lautesten, nie die Erfolgreichsten – aber sie waren einer der klanglich markantesten Eckpfeiler dieser Bewegung.

Die Geschichte von Angel Witch beginnt 1977 in London – inmitten von grauen Straßen und aufheulenden Verstärkern. Ursprünglich nannte sich die Band Lucifer – ein Name, der bereits andeutete, dass es hier nicht um Liebeslieder gehen würde. Gegründet wurde die Gruppe von Kevin Heybourne (Gesang, Gitarre), Rob Downing (Gitarre), Kevin Riddles (Bass) und Dave Dufort (Schlagzeug). Anfangs spielten sie Coverversionen von Black Sabbath und UFO – düster, schwer, energiegeladen. Doch es dauerte nicht lange, bis eigene Songs entstanden – und mit ihnen ein Sound, der bald zum Markenzeichen der Band werden sollte.

Mit ihren energiegeladenen Live-Shows, rohem Charisma und wuchtigem Sound erspielten sich Angel Witch schnell eine treue Underground-Fangemeinde. 1979 landete eine Demoaufnahme auf dem Schreibtisch von EMI – und öffnete der Band die Tür zur Kompilation „Metal for Muthas", auf der sie 1980 mit dem Song „Baphomet" vertreten waren. Kurz vor Veröffentlichung verließ Gitarrist Rob Downing die Band – ein Rückschlag, der die verbleibenden Musiker aber nicht aufhielt. Zur Promotion des Samplers traten Angel Witch in der legendären „Friday Rock Show" bei der BBC auf – und präsentierten mit „Sweet

Danger", „Angel of Death" und „Extermination Day" drei Songs, die ihren Status als ernstzunehmende Größe der NWoBHM festigten.

Die wachsende Aufmerksamkeit führte schließlich dazu, dass EMI die Single „Sweet Danger" veröffentlichte – ein Moment, der als möglicher Durchbruch galt. Doch der Erfolg blieb flüchtig: Zwar erreichte die Single Platz 25 der britischen Charts, konnte sich dort jedoch nur eine einzige Woche halten. Diese kurze Präsenz brachte der Band einen skurrilen Eintrag im Guinness-Buch der Rekorde ein – als „erfolgloseste Single" überhaupt. Ein zweifelhaftes Prädikat, das Angel Witch bis heute begleitet – und gleichzeitig zu einem der kuriosesten Fußnoten der NWoBHM-Geschichte wurde.

Nach dem kurzen, glanzlosen Ausflug in die Charts fand Angel Witch bei Bronze Records ein neues Zuhause – und veröffentlichte dort 1980 ihr selbstbetiteltes Debütalbum. Die britische Musikpresse zeigte sich wenig begeistert und verriss die Platte – das Publikum allerdings sah das anders: Das Album verkaufte sich gut und gilt heute als einer der großen Klassiker der NWoBHM. Steve Harris von Iron Maiden äußerte später, Angel Witch hätten mit einem besseren Management durchaus den ganz großen Durchbruch schaffen können. Doch auch diesmal hielt die Konstanz nicht lange: Schlagzeuger Dave Hogg stieg aus, und die Band sah sich erneut mit internen Umbrüchen konfrontiert – ein Muster, das sich in den folgenden Jahren noch oft wiederholen sollte.

In den folgenden Jahren wurde die Geschichte von Angel Witch zu einer Chronik der Wechsel: neue Gesichter, lange Pausen, ein ständiges Kommen und Gehen. Nur einer blieb: Kevin Heybourne – Gitarrist, Sänger, Songschreiber und Herz der Band. Immer wieder hob er Angel Witch aus der Versenkung, formierte neue Besetzungen, trug den Namen weiter – manchmal gegen jede Wahrscheinlichkeit.

1985 erschien das Album „Screamin' n' Bleedin'", doch die Resonanz blieb verhalten – viele Fans hatten die Band in der langen Abwesenheit bereits aus den Augen verloren. Auch das Nachfolgewerk „Frontal Assault" von 1986 wurde nur mit vorsichtigem Interesse aufgenommen und konnte die Erwartungen nicht erfüllen. Doch Kevin Heybourne machte weiter. Angel Witch tourten unbeirrt, traten auf großen Festivals wie dem Dynamo Open Air auf und hielten den Namen am Leben – nicht auf den Titelseiten, aber auf der Bühne. In den 1990er Jahren verlegte die Band ihren Schwerpunkt in die USA, veröffentlichte dort Live-Mitschnitte und Demoaufnahmen – ein leiser, aber entschlossener Puls im Untergrund.

Im Jahr 2000 kehrten Angel Witch zurück auf die große Bühne – mit einem umjubelten Auftritt beim Wacken Open Air, der zeigte: Diese Band hatte noch etwas zu sagen. In den folgenden Jahren kam es zwar erneut zu Line-up-Wechseln, doch Kevin Heybourne hielt den Kurs. Angel Witch blieben aktiv, spielten auf internationalen Festivals – mal im Verborgenen, mal im grellen Licht. 2012 erschien das gefeierte Album „As Above, So Below", das von Kritikern und Fans als kraftvolle Rückbesinnung auf alte Stärken gelobt wurde. Und mit „Angel of Light" (2019) legte die Band nach – ein starkes, dunkles Lebenszeichen, das eindrucksvoll bewies: Angel Witch sind keine Legende der Vergangenheit – sie sind Teil der Gegenwart.

Der Sound von Angel Witch ist tief in den düsteren Riffs von Black Sabbath verwurzelt – doch ihre Musik schlägt schneller, wilder, kantiger. Elemente des Doom treffen auf die rasanten Gitarrenläufe und Tempowechsel, wie man sie von Judas Priest kennt. Auch textlich gehen Angel Witch eigene Wege: Magie,

Tod, Dämonen, Okkultismus – ihre Songs sind voller finsterer Bilder und mystischer Anspielungen. Das brachte ihnen bisweilen sogar den Ruf ein, eine Vorform des Black Metal zu sein. Kevin Heybourne begegnet solchen Zuschreibungen mit einem Augenzwinkern: Er interessiere sich für dunkle Themen, sagte er einmal – „aber ich tanze nicht nackt ums Feuer."

Mit ihrem düsteren, kompromisslosen Frühwerk wurden Angel Witch zu einem Wegweiser für eine neue Generation von Bands – Gruppen wie Witchfinder General, Satan oder Desolation Angels griffen den okkulten Ton und die kantige Energie der Band auf und entwickelten ihn weiter. Ihr Debütalbum gilt bis heute als einer der Meilensteine der NWoBHM, und Songs wie „Confused" fanden ihren Weg in die Setlists von Bands wie Onslaught und Trouble. Trotz aller Rückschläge, unzähliger Line-up-Wechsel und verpasster Chancen haben Angel Witch ihren Platz in der Geschichte sicher. Sie waren nie die Lautesten, nie die Größten – aber sie waren eine der eigenständigsten Stimmen ihrer Zeit. Und manchmal reicht das, um unsterblich zu sein.

Def Leppard

Dies ist die Geschichte einer Band, die einst als Hoffnungsträger der New Wave of British Heavy Metal gefeiert wurde – und später von vielen als Verräter dieser Bewegung geschmäht. Eine Gruppe junger Musiker aus Sheffield, die den Sound einer Szene mitprägte, bevor sie sich in eine andere Welt aufmachten: hin zu Stadionhymnen, Hochglanzproduktionen und millionenfachen Plattenverkäufen. Und doch ist ihr Einfluss unüberhörbar – selbst in der Musik von Metallica, Megadeth und zahllosen anderen. Def Leppard haben die Grenzen des Genres verschoben. Ob man das liebt oder ihnen nie verziehen hat – ignorieren konnte sie niemand.

Sheffield, 1977 – graue Zechen, harter Wind und eine Jugend, die nach Lautstärke und Ausbruch dürstet. Inmitten dieses rauen Klimas entsteht eine Schülerband namens Atomic Mass – roh, motiviert, elektrisiert. Mit dabei: Pete Willis (Gitarre), Rick Savage (Bass) und Tony Kenning (Schlagzeug). Kurz darauf stößt ein junger Mann mit Stimme, Vision und Selbstbewusstsein dazu: Joe Elliott. Er bringt nicht nur neue Energie, sondern auch einen neuen Namen mit: Def Leppard – eine absichtlich verfremdete Anspielung auf „Deaf Leopard", halb Punk, halb Pop-Art, und vielleicht schon ein leiser Vorbote für den Weg, den sie später einschlagen würden: Von den dreckigen Pubs der NWoBHM bis in die Hochglanzarenen des Glam Metal.

Nach ersten Gigs in kleinen Clubs, durchzogen von Nervosität und jugendlicher Wucht, nahmen Def Leppard 1978 ihre erste EP „Getcha Rocks Off" auf – ein selbstfinanziertes Lebenszeichen, das rohen Charme mit erstaunlicher Eingängigkeit verband. Die EP verkaufte sich überraschend gut und machte schnell die Runde unter Insidern – eine neue Band mit Pop-Appeal, ohne an Kraft zu verlieren. 1979 unterschrieben sie einen Plattenvertrag bei Phonogram – ein Ritterschlag für eine so junge Formation – und gingen als Support von Sammy Hagar und AC/DC auf Tour. Bei einem dieser Konzerte wurde niemand Geringerer als Peter Mensch, später Manager von Metallica und Muse, auf sie aufmerksam. Er erkannte sofort das Potenzial – nicht nur für große Songs, sondern für weltweite Stadionträume.

Von nun an bewegte sich Def Leppard in einem anderen Orbit als viele ihrer NWoBHM-Kollegen – sie hatten Fuß gefasst in der großen Welt des Rock-Business. Und sie würden sie nie wieder verlassen. Die Band tourte ausgiebig durch die USA – sehr zur Freude des amerikanischen Publikums, aber zum Missfallen vieler britischer Fans: In Fanzines und Magazinen wurde der Band bald „Ausverkauf" vorgeworfen. Zu glatt, zu schnell, zu sehr auf den großen Markt ausgerichtet. Doch die Band ließ sich davon nicht beirren – sie hatte Größeres im Visier. 1983 kam „Pyromania" – und veränderte alles. Mit Produzent Mutt Lange an den Reglern wurde der Sound präzise, catchy, bombastisch. Die Single „Photograph" eroberte MTV im Sturm, das Album verkaufte sich millionenfach. Def Leppard waren auf einmal keine Hoffnungsträger mehr – sie waren Superstars.

Dann, 1984, der Bruch im Takt: Drummer Rick Allen erlitt bei einem Autounfall schwere Verletzungen. Sein linker Arm musste amputiert werden – ein Schock für die Band und ihre Fans. Doch Allen kämpfte sich zurück. Mit einem speziell entwickelten elektronischen Schlagzeug spielte er sich wieder ins Line-up – ein Symbol für Durchhaltewillen, Technikliebe und echte Bandbrüderlichkeit.

1991 traf Def Leppard der nächste schwere Schlag: Gitarrist Steve Clark, einer der maßgeblichen Songwriter der Band, starb an den Folgen seiner Alkohol- und Medikamentensucht – gerade einmal 30 Jahre alt. Clark war das emotionale Zentrum des Duos mit Phil Collen, sein Spiel prägte Klassiker wie Bringin' on the Heartbreak oder Foolin'. Die Band war am Boden zerstört – doch erneut entschied sie sich, nicht aufzugeben. Mit Vivian Campbell, der zuvor unter anderem bei Dio und Whitesnake gespielt hatte, fand man einen würdigen Nachfolger – technisch brillant, stilistisch flexibel, aber vor allem: menschlich passend.

Die 1990er Jahre waren keine leichte Zeit für Def Leppard. Der Grunge hatte den Hochglanz-Hard-Rock vom Thron gestoßen, und viele Bands ihrer Generation verloren an Bedeutung. Mit „Slang" (1996) wagten Def Leppard einen stilistischen Neuanfang – weniger Glam, mehr Ehrlichkeit. Doch die Fans waren irritiert, die Verkäufe blieben hinter den Erwartungen zurück. Aber Aufgeben war nie ihr Stil. 1999 erschien „Euphoria" – ein Album, das nicht nur an alte Glanzzeiten erinnerte, sondern auch zeigte, dass die Band noch immer Lust auf große Melodien und Stadion-Vibes hatte. Def Leppard gingen wieder auf Tour – und lieferten Konzerte ab, als wären die 80er nie vorbei gewesen.

Auch heute stehen Def Leppard noch auf den großen Bühnen der Welt – nicht als Nostalgie-Act, sondern als vitaler Teil des Rock-Kanons. Sie touren regelmäßig durch Europa, Amerika und Asien, veröffentlichen neue Alben, und zeigen: Der Biss des Leoparden ist nicht stumpf geworden. 2019 wurde ihnen eine besondere Ehre zuteil: die Aufnahme in die Rock and Roll Hall of Fame. Ein Ritterschlag für eine Band, die Höhen gefeiert, Tiefen überlebt und sich immer wieder zurück ins Rampenlicht gespielt hat – mit Leidenschaft, Überzeugung und jeder Menge Hooks.

Der Sound von Def Leppard hat sich im Laufe der Jahre stark verändert. In ihren Anfangsjahren waren sie fester Bestandteil der New Wave of British Heavy Metal – mit schnellen Riffs, jugendlichem Elan und einem Faible für große Gesten. Später entwickelten sie sich zu einer kommerziell erfolgreichen Hard-Rock-Band, deren Musik von eingängigen Melodien, stadiontauglichen Refrains und feinpolierten Gitarrenarrangements geprägt war. Die Texte wurden romantischer, partylastiger – der Rock'n'Roll-Lifestyle wurde zum Dreh- und Angelpunkt ihres Schaffens.

In den Augen vieler Metal-Fans galten Def Leppard als Pioniere der NWoBHM, als junge Wilde, die den Sound der Stunde mitformten. Doch mit ihrem wachsenden Erfolg, dem Einfluss von Produzent Mutt Lange und dem Wechsel zu einem glänzenden, radiotauglichen Stil, wandten sie sich zunehmend vom ursprünglichen Geist der Bewegung ab. Für viele aus der Szene wurden sie zu Verrätern – zu jenen, die die Ideale der Underground-Bewegung gegen amerikanischen Hochglanz und Chartstürme eintauschten. Und doch waren sie es, die – ob bewusst oder nicht – den Weg für den Hair- und Glam-Metal der 80er-Jahre mit bereitet haben. Def Leppard waren ein Teil der Revolution – und zugleich deren erste Ausreißer. Eine Band, die Grenzen sprengte, Konventionen verließ – und damit letztlich ihren eigenen Platz in der Rockgeschichte fand.

Diamond Head

Wenn es eine Band gibt, ohne die die New Wave of British Heavy Metal vielleicht nie das geworden wäre, was sie war – dann ist es Diamond Head. Ihre Riffs hallen bis heute in der Musik von Metallica, Megadeth und unzähligen anderen – nicht nur als Inspiration, sondern als Grundstein einer neuen Härte. Sie waren nie die Lautesten, nie die Erfolgreichsten – aber vielleicht die Wichtigsten.

1976 in Stourbridge, England: Zwei junge Musiker – Gitarrist Brian Tatler und Sänger Sean Harris – tun sich zusammen, um ihrer gemeinsamen Vision von kraftvoller, anspruchsvoller Rockmusik eine Form zu geben. Schnell erspielen sich Diamond Head einen Ruf für energiegeladene Live-Auftritte und komplexe Songstrukturen, die sich deutlich von vielen Zeitgenossen abheben. Schon früh war klar: Diese Band wollte mehr als nur mitspielen – sie wollten prägen.

Zwischen 1977 und 1979 machten Diamond Head mit ihren ersten Demoaufnahmen auf sich aufmerksam – rohes, ungeschliffenes Material voller Ideen, voller Hunger. Die Band tourte bald mit Größen wie AC/DC und Iron Maiden, und es war klar: Hier kam kein Support-Act, sondern eine Kraft mit eigenem Anspruch.

1980 folgte der große Knall: Ihr erstes Album, in Fan-Kreisen ehrfürchtig als das „White Album", offiziell aber unter dem Titel „Lightning to the Nations" bekannt, wurde veröffentlicht. Es war ein Werk voller wilder Energie, rasanter Riffs und innovativer Strukturen – gefeiert von Fans, übersehen von der Industrie, aber später als Blaupause für Thrash Metal verehrt.

Der Underground-Erfolg öffnete schließlich auch Türen zur Industrie: 1981 unterschrieb die Band bei MCA Records – ein

Vertrag, der Diamond Head auf die nächste Stufe heben sollte. Mit „Borrowed Time" (1982) und dem ambitionierteren „Canterbury" (1983) zeigten sie, dass sie mehr wollten als nur schnelle Hits – sie suchten nach Tiefe, nach Klangräumen, nach einer eigenen Handschrift. In dieser Phase zählten sie endgültig zu den prägendsten Bands der NWoBHM.

Doch trotz wachsender Anerkennung und künstlerischer Weiterentwicklung wurde Diamond Head nie der große Wurf gegönnt. Kreative Differenzen, Managementprobleme und der Druck des Musikgeschäfts forderten ihren Tribut – 1985 zerbrach die Band zum ersten Mal.

Sechs Jahre später, 1991, wagten Brian Tatler und Sean Harris einen Neuanfang. Gemeinsam nahmen sie das Album „Death and Progress" auf – ein Werk, das nicht nur musikalisch kraftvoll war, sondern auch durch seine Gäste für Aufsehen sorgte: Tony Iommi von Black Sabbath und Dave Mustaine von Megadeth zollten der Band damit öffentlich Respekt. Doch die alten Spannungen ließen sich nicht so leicht begraben. Bereits 1994 endete die zweite Phase von Diamond Head – leise, wie ein Solo, das in Hall verklingt, obwohl noch so viel ungespielt geblieben war.

2002 wagte Brian Tatler einen weiteren Anlauf: Diamond Head sollten wieder leben, vielleicht zum letzten Mal. Die Zusammenarbeit mit Sean Harris, dem einstigen Frontmann und kreativen Gegenpol, erwies sich jedoch erneut als schwierig – ein geplantes Album wurde nie fertiggestellt, der Traum erneut vertagt. 2003 verließ Harris endgültig die Band. Kurzzeitig übernahm Jess Cox (ehemals Tygers of Pan Tang) den Posten am Mikrofon, bevor Nick Tart 2004 zum neuen Sänger wurde – ein frischer Wind, der Diamond Head in ein neues Kapitel führen sollte: moderner, klarer, aber stets mit einem Ohr in der Vergangenheit.

Mit Nick Tart als neuem Sänger kehrte Diamond Head in den Folgejahren auf die Bühnen Europas und Nordamerikas zurück. Die Band veröffentlichte 2005 das Album „All Will Be Revealed", das frischer und moderner klang, ohne die Wurzeln im klassischen Metal zu kappen. 2007 folgte „What's in Your Head?" – ein weiteres solides Werk, das zeigte: Diamond Head waren nicht nur eine Legende von gestern, sondern eine lebendige Band, die ihr Erbe aufrecht hielt. Sie spielten auf Festivals, in Clubs und Hallen – nicht mehr als Hoffnungsträger der NWoBHM, sondern als würdige Veteranen mit echtem Feuer im Herzen.

Für viele heutige Metal-Fans ist der Name Diamond Head vor allem durch eine andere Band bekannt geworden: Metallica. Die US-Amerikaner um Lars Ulrich und James Hetfield zählten Diamond Head zu ihren größten Einflüssen – nicht nur als Inspiration, sondern als kreatives Fundament ihrer Frühphase. Sie coverten Songs wie „Am I Evil?", „Helpless" und „The Prince" mit solcher Inbrunst, dass viele Hörer erst später erfuhren: Diese Songs stammen nicht von Metallica – sondern von einer britischen Band, die lange vor ihnen den Weg bereitet hatte. Auch Dave Mustaine, Gitarrist und Frontmann von Megadeth, nannte Diamond Head eine Schlüsselerfahrung seiner musikalischen Entwicklung. Der Schatten dieser britischen Band fiel tief über die Entstehung des Thrash Metal – und so wurde Diamond Head zum unsichtbaren Architekten einer neuen Welle, deren Erfolg sie selbst nie im vollen Maße erleben durften.

Der Sound von Diamond Head war wie ein Gewitter über sauberem Himmel – roh, intelligent, unvorhersehbar. Hämmernde Riffs, verschachtelte Songstrukturen und die unverkennbare Stimme von Sean Harris (später Nick Tart) machten ihren Stil zu etwas, das sich nicht leicht greifen ließ – und gerade deshalb so faszinierte. Die Band verband die wuchtige Energie des Hard Rock, die düstere Schwere des frühen Heavy Metal und die verspielte Komplexität des Progressive Rock zu einem Klangbild, das seiner Zeit weit voraus war. Aus dieser Mischung entstand ein Sound, der nicht nur eigenständig war – sondern ganze Generationen von Musikern inspiriert hat, vom Thrash bis zum modernen Metal. Diamond Head spielten nicht nach – sie erschufen.

Diamond Head gehören nicht nur zu den wichtigsten Bands der New Wave of British Heavy Metal – sie waren der Zündfunke, aus dem ganze Subgenres des Metal geboren wurden. Sie haben Musiker wie Metallica, Megadeth, Slayer und zahllose andere tiefgreifend beeinflusst – nicht mit Chartplatzierungen oder Massenappeal, sondern mit Ideen, Riffs und Haltung. Der ganz große kommerzielle Erfolg blieb ihnen versagt. Doch ihr Einfluss – der hallt bis heute nach, in den schnellen Anschlägen, den dunklen Harmonien, den epischen Spannungsbögen moderner Metal-Musik. Diamond Head sind die unbesungenen Architekten des Heavy Metal. Ihre Musik mag nie das Radio dominiert haben – doch sie lebt weiter in den Händen derer, die den Sturm tragen. Und sie wird auch morgen noch gehört werden – laut, roh, und voller Ehrfurcht.

Girlschool

Girlschool – eine Band, die in der lauten, testosterongetränkten Welt des Heavy Metal der späten 1970er Jahre wie ein Paukenschlag gegen alle Erwartungen wirkte. Sie waren keine Frauenband, die Metal spielte, sondern eine Metal-Band, die zufällig aus vier Frauen bestand – und die mit ihrem kompromisslosen Sound den Beweis antraten, dass Härte, Virtuosität und Attitüde kein Geschlecht kennen. Gegründet 1978 in London von Enid Williams (Bass), Kim McAuliffe (Gitarre, Gesang), Kelly Johnson (Leadgitarre) und Denise Dufort (Schlagzeug), katapultierten sie sich mit ihrer explosiven Bühnenpräsenz und rotzig-ehrlichen Energie direkt in den innersten Kreis der NWoBHM. In einer Szene, die von Männern dominiert war, waren sie weder exotische Ausnahme noch hübsches Beiwerk – sie waren Revolution mit Gitarrengurt.

In ihren schwarzen Lederoutfits, mit Verstärkern am Anschlag und einer Wucht in Stimme und Riffs, wirkten Girlschool auf viele Kritiker wie ein Affront – eine offene Kampfansage an die männerdominierte Rockwelt. Doch statt sich davon einschüchtern zu lassen, veröffentlichten sie noch im Gründungsjahr 1978 ihre erste Single „Take It All Away" – ein kompromissloses Statement, das nichts erklären, aber alles sagen wollte. Die beiden ersten Alben – „Demolition" (1980) und „Hit and Run" (1981) – verkauften sich ordentlich, wurden von der etablierten Musikkritik aber herablassend abgetan. Girlschool reagierten nicht mit Worten, sondern mit Lautstärke – und setzten 1981 mit Motörhead ein deutliches Zeichen: Die gemeinsame EP „St. Valentine's Day Massacre" wurde nicht nur ein Achtungserfolg, sondern ein deutliches Signal an die Szene:

Hier steht eine Band, die Respekt nicht erbettelt – sondern sich ihn einfach nimmt.

Doch der Weg nach oben blieb nicht ohne Narben. In den folgenden Jahren geriet Girlschool immer wieder ins Straucheln – nicht wegen der Musik, sondern wegen der Realität hinter den Kulissen. 1982 verließ Enid Williams, Gründungsmitglied und Bassistin, die Band – ein Verlust, der nicht nur musikalisch, sondern emotional spürbar war. Und 1983 erlitt Kim McAuliffe auf der Bühne einen schweren Stromschlag – ein Moment, der beinahe alles beendete. Doch sie überlebte. Und stand wieder auf. Girlschool wurden in dieser Zeit nicht nur zur Band – sondern zu einer Art Schwur, getragen von der Überzeugung, dass echte Rockmusik eben nicht nur auf Platten, sondern auch im Kampfgeist entsteht.

1983 wagten Girlschool einen radikalen Schritt: Unter der Regie von Noddy Holder und Jim Lea von Slade, beides Veteranen des britischen Glam Rock, entstand das Album „Play Dirty" – ein Versuch, sich vom rauen NWoBHM-Sound zu lösen und dem aufkommenden Mainstream-Glam zu öffnen. Die Musik wurde polierter, das Image auffälliger – Girlschool begannen, sich mehr nach MTV als nach Motörhead zu richten. Doch trotz dieser Kehrtwende blieb der große kommerzielle Durchbruch aus. Der neue Stil klang gut produziert, aber weniger gefährlich – und vielen alten Fans fehlte das Feuer. Als Kelly Johnson 1984 die Band verließ, war ein weiteres Kapitel zu Ende. Mit Cris Bonacci (Gitarre) und Jackie Bodimead (Gesang, Keyboard) begann eine neue Ära – und mit dem Album „Running Wild" (1985) präsentierte sich Girlschool im vollständigen Glitter-Look, bereit für den US-Markt, aber längst entfernt von ihren rauen Ursprüngen.

Ende der 1980er und Anfang der 1990er Jahre wurde es spürbar stiller um Girlschool. Die Szene veränderte sich, neue Strömungen dominierten – und dennoch: 1992 meldete sich die Band mit einem selbstproduzierten Album zurück, schlicht betitelt: „Girlschool". Kein großes Label, keine Hochglanzkampagne – aber eine klare Botschaft: Wir sind noch da. Und wir spielen immer noch. 1993 kehrten mit Kelly Johnson und Tracey Lamb zwei vertraute Gesichter zurück in die Band - fast wie eine Reunion unter alten Kämpferinnen, getragen von Vergangenheit und Durchhaltewillen. Zwei Jahre später folgte mit „Girlschool: LIVE" ein energiegeladenes Konzertdokument, das zeigte, dass die Band auf der Bühne nach wie vor brannte. Doch der Aufbruch war nicht von Dauer: 2000 verließen Johnson und Lamb die Band erneut – ein weiterer Einschnitt in einer Bandgeschichte, die längst nicht mehr von Stabilität, sondern von Beharrlichkeit und Identität geprägt war.

2000 kehrte Enid Williams, Gründungsmitglied und Bassistin der ersten Stunde, zur Band zurück – und mit ihr kam Jackie Chambers, eine Gitarristin mit Biss, Technik und einem Gespür für moderne Härte. Es war, als hätte die Band damit einen neuen Motor eingebaut – ein Update ihrer DNA, ohne ihre Seele zu verlieren. In den folgenden Jahren veröffentlichten Girlschool ein beeindruckendes Spätwerk, das beweist: Sie waren nie bloß ein Kapitel der Vergangenheit, sondern eine fortschreibende Geschichte. Von „21st Anniversary: Not That Innocent" (2002) über „Believe" (2004), „Legacy" (2008) und „Guilty as Sin" (2015) bis zum überraschend bissigen „WTFortyfive?" (2023) – Girlschool klangen reifer, härter und ehrlicher denn je. Kein Retro-Sound, kein verzweifeltes Klopfen an alte Türen. Stattdessen: ein kompromissloser Beweis, dass Beständigkeit im Rock'n'Roll auch etwas Radikales sein kann.

2007 starb Kelly Johnson, Gründungsmitglied und Gitarrenheldin von Girlschool, an den Folgen einer Krebserkrankung. Ihre Soli, ihre Bühnenpräsenz, ihr Zusammenspiel mit Kim McAuliffe – sie war nicht nur Teil der Geschichte, sie prägte den Sound und das Selbstverständnis der Band wie kaum eine andere. Doch Girlschool machten weiter. Nicht aus Trotz, sondern aus Überzeugung. Sie tourten unermüdlich, durch kleine Clubs und große Festivals – und hielten damit die Flamme am Leben, die sie selbst einst entzündet hatten.

Ihr Sound war stets eine Mischung aus hartem Rock, rotziger Punk-Attitüde und eingängigen Melodien. Im Laufe der Jahre wagten sie Stilwechsel, Klangexperimente und personelle Neuanfänge – aber der Kern blieb unverrückbar: kompromisslos, direkt, ehrlich. Girlschool klangen nie wie eine andere Band. Und das ist vielleicht ihr größtes Vermächtnis.

Girlschool sind mehr als nur eine Band. Sie sind ein Symbol – für Beharrlichkeit, für Haltung und für unerschütterliche Frauenpower im Rock. In einer Szene, die lange Zeit von Männern dominiert wurde, haben sie sich weder angepasst noch entschuldigt, sondern einfach gespielt – laut, schnell, ehrlich. Sie wurden belächelt, unterschätzt, angezweifelt – und haben trotzdem überlebt. Überzeugt. Begeistert. Ihr Vermächtnis ist nicht nur musikalisch, sondern kulturell bedeutend: Girlschool waren und sind ein Vorbild für unzählige Musikerinnen auf der ganzen Welt. Für jede Frau, die heute mit einer Gitarre auf die Bühne geht, haben Girlschool einst den Verstärker aufgedreht. Sie sind eine Legende, nicht nur in der Geschichte der NWoBHM, sondern in der großen Geschichte des Rock. Und sie sind noch lange nicht am Ende.

Iron Maiden

Wenn es einen Namen gibt, der in goldenen Lettern auf der Hall of Fame des Heavy Metal leuchtet, dann ist es Iron Maiden. Mit ihrem epischen Sound – voller Harmonien, Melodien und marschierender Riffs –, mit ihren mitreißenden und oft theatralischen Live-Shows und nicht zuletzt durch ihr legendäres Maskottchen Eddie haben sie dem Genre nicht nur ihren Stempel aufgedrückt, sondern ein ganzes Kapitel darin geschrieben. Iron Maiden sind nicht irgendeine Band – sie sind der Inbegriff dessen, was Heavy Metal bedeuten kann.

Am 25. Dezember 1975, mitten im winterlichen London, wurde kein neues Weihnachtslied geboren – sondern die Keimzelle einer der bedeutendsten Metal-Bands der Musikgeschichte. Steve Harris, ein junger Bassist mit einem Hang zu epischen Melodien und komplexen Songstrukturen, entschied sich, neue Wege zu gehen. Nach dem Ende seiner vorherigen Band Gypsy's Kiss gründete er eine neue Formation – eine, die den Grundstein legen sollte für etwas Größeres, etwas Dauerhaftes: Iron Maiden.

Die ersten Klänge von Iron Maiden ertönen mit Paul Mario Day am Mikrofon, Dave Sullivan und Terry Rance an den Gitarren und Ron Matthews am Schlagzeug – allesamt an der Seite von Bandgründer Steve Harris. Noch namenlos, aber nicht ziellos, stößt Harris eines Abends auf eine düstere Inspiration: Beim Ansehen des Films Der Mann mit der eisernen Maske bleibt ihm ein Begriff im Gedächtnis haften – Iron Maiden. Der Name, ein Verweis auf ein mittelalterliches Folterinstrument, wirkt wie gemacht für eine Band, die sich nicht mit Konventionen aufhält, sondern die Schattenseiten menschlicher Geschichten musikalisch ausleuchten will.

Steve Harris stellte später klar, dass der Name der Band keineswegs als politischer Seitenhieb auf die damalige Premierministerin Margaret Thatcher gedacht war – auch wenn sich manche das gewünscht hätten. Doch Iron Maiden wären nicht Iron Maiden, hätten sie die Gelegenheit zur Provokation ungenutzt verstreichen lassen: Auf den Covers der Singles Sanctuary und Women in Uniform taucht Thatcher schließlich doch auf – und zwar an der Seite von Eddie, dem blutrünstigen Bandmaskottchen. Ironie, Stilbruch, subversiver Witz – ganz Maiden eben.

Die frühen Jahre von Iron Maiden waren geprägt von Gegenwind. Die Titanen des Hard Rock – Deep Purple, Black Sabbath, Led Zeppelin – lösten sich auf oder verloren an Strahlkraft. Der Zeitgeist? Schrill und flüchtig: New Wave dominierte die Radiowellen, Discomusik lieferte den Soundtrack für Glitzer und Glätte – und in England schlug das rebellische Herz des Punk immer lauter. Für eine Band wie Iron Maiden war das kein günstiger Nährboden. Aber vielleicht gerade deshalb der richtige Moment, um eine neue Ära einzuläuten.

Zu Beginn sind Metal-Bands wie Judas Priest und Motörhead nur ein Flüstern in den Kulissen der Musikwelt – kaum jemand kennt ihre Namen. Iron Maiden dagegen stehen schon früh unter Druck: Die Plattenfirma rät, dem Trend zu folgen und auf Punk zu setzen. Doch Steve Harris und seine Mitstreiter bleiben unbeirrbar. Sie glauben an ihren Sound – an Energie, Melodie und Härte – und feilen daran Abend für Abend auf den kleinen Bühnen Londons. Ihren ersten Auftritt haben sie am 1. Mai 1976 in der St. Nicholas Hall in Poplar. Die Besetzung wechselt in jenen frühen Jahren häufig: Dave Murray und Bob Sawyer übernehmen die Gitarren, Dennis Wilcock den Gesang. Später kommen Paul Di'Anno und Doug Sampson dazu – die Bühne ist bereit für Größeres.

1978 nehmen Iron Maiden eine Demo auf – roh, wild, direkt –, die später unter dem Titel The Soundhouse Tapes in limitierter Auflage erscheint. Schnell entwickelt sich das Werk zum Kultobjekt unter eingefleischten Fans und Szene-Kennern. 1979 übernimmt Rod Smallwood das Management – ein Glücksgriff, denn Smallwood sollte sich als treibende Kraft hinter dem kometenhaften Aufstieg der Band erweisen. Die unermüdlichen Auftritte in London und Umgebung zeigen Wirkung: Im November desselben Jahres unterschreiben Iron Maiden ihren ersten Plattenvertrag bei EMI. Der nächste Schritt steht bevor – und mit ihm der Moment, in dem aus einem Londoner Underdog eine Band wird, die die Welt des Heavy Metal für immer verändern wird.

Das Debütalbum und der Durchbruch: „Iron Maiden", die New Wave of British Heavy Metal und Geschcihte

Anfang 1980 dreht sich das Personalkarussell erneut: Tony Parsons kommt, geht wieder, und schließlich findet die Band mit Adrian Smith einen Gitarristen, der sich bald als unverzichtbarer Teil des Maiden-Sounds etablieren sollte. Auch hinter dem Schlagzeug gibt es einen Wechsel – Clive Burr ersetzt Doug Sampson. In dieser Besetzung – Paul Di'Anno am Mikrofon, Dave Murray und Dennis Stratton an den Gitarren, Steve Harris am Bass und Clive Burr am Schlagzeug – nimmt die Band ihr erstes Studioalbum auf: Iron Maiden. Doch dieses Album ist mehr als nur eine Debütplatte – es ist der erste Schrei einer neuen Bewegung. Roh, ungestüm und voller Energie katapultiert es Iron Maiden in die erste Reihe der aufkommenden NWoBHM.

Und mit dabei: Eddie, das furchteinflößende Maskottchen, das seither als ständiger Schatten der Band über Bühne und Cover thront. Kein anderes Symbol im Metal ist so allgegenwärtig, so ikonisch – Eddie ist nicht bloß Aushängeschild, er ist Teil der Legende.

Mit der Single Running Free gelingt Iron Maiden ein kleiner Paukenschlag in der britischen Fernsehgeschichte: Bei BBCs Top of the Pops treten sie als erste Band seit The Who live auf – ohne Playback, roh und ungeschliffen. Es ist nicht nur ein musikalischer, sondern auch ein symbolischer Akt: Der Beweis, dass der neue Metal echt ist – und keine Show. Der Auftritt bringt ihnen erstmals überregionale Aufmerksamkeit. Es folgt eine Großbritannien-Tournee im Vorprogramm von Judas Priest, eine Europatour mit Kiss und ein gefeierter Auftritt beim Reading-Festival an der Seite von UFO. Iron Maiden sind auf dem Sprung – und sie machen keinen Hehl daraus, dass sie gekommen sind, um zu bleiben.

1981 holen sich Iron Maiden einen echten Schwergewichts-produzenten ins Boot: Martin Birch, der zuvor mit Deep Purple und Black Sabbath gearbeitet hatte, übernimmt die Produktion des zweiten Albums Killers. Eine kreative Partnerschaft beginnt, die den Sound von Iron Maiden für über ein Jahrzehnt prägen sollte. Kurz vor den Aufnahmen verlässt Dennis Stratton die Band. Zu unterschiedlich sind die musikalischen Vorstellungen zwischen ihm und Steve Harris. An seine Stelle tritt Adrian Smith – ein Gitarrist, der nicht nur das fehlende Puzzlestück ist, sondern mit seinem Stil und seinem Songwriting die Zukunft der Band mitgestalten wird. Killers wird von den Fans gefeiert, und die anschließende Killer World Tour führt Iron Maiden in 14 Länder – 129 Konzerte in nur einem Jahr. Der Maiden-Zug rollt, schneller denn je, und er kennt kein Halten mehr.

Ende 1981 wird der Schatten des Erfolgs zu lang für Paul Di'Anno. Der Sänger, dessen rauer Gesang den frühen Sound von Iron Maiden geprägt hatte, verfällt zunehmend dem Alkohol. Unzuverlässigkeit und Spannungen zwingen die Band zu einer schweren Entscheidung – Di'Anno muss gehen. Sein Nachfolger: Bruce Dickinson. Ein Sänger mit gewaltiger Stimme, theatralischer Präsenz und grenzenloser Energie. Zuvor bei Samson aktiv, bringt er alles mit, was Iron Maiden für den nächsten Schritt braucht – und mehr. 1982 erscheint The Number of the Beast, ein Album, das wie ein Donnerschlag durch die Musikwelt fährt. Es ist der endgültige Durchbruch. Songs wie „Run to the Hills", „Hallowed Be Thy Name" und der Titeltrack werden zu Hymnen, Dickinson zum Sprachrohr einer ganzen Generation – und Iron Maiden zu Giganten des Heavy Metal.

Mit Piece of Mind (1983) und Powerslave (1984) betreten Iron Maiden endgültig das Pantheon des Heavy Metal. Ihre Songs werden länger, komplexer, dramatischer – und sie scheuen keine Experimente. Titel wie „The Trooper", „Revelations" oder das monumentale „Rime of the Ancient Mariner" zeigen eine Band, die sich nicht mit Refrains und Riffs zufriedengibt, sondern nach Größe strebt. Die dazugehörigen Welttourneen, besonders die „World Slavery Tour", geraten zur absoluten Grenzerfahrung – für Band und Publikum. Mehr als 180 Konzerte in elf Monaten, Bühnenbauten wie Pharaonentempel, Bruce Dickinson als singender Krieger in Hochform. 1985 erscheint das Live-Doppelalbum Live After Death, aufgenommen unter anderem in der Long Beach Arena. Es wird zur Blaupause für jedes zukünftige Live-Dokument des Metal: klanglich brillant, emotional aufgeladen, visuell ikonisch – bis heute eines der bedeutendsten Live-Alben der Rockgeschichte.

Doch Iron Maiden ruhen sich nicht auf dem Glanz vergangener Triumphe aus. Mit Somewhere in Time (1986) und Seventh Son of a Seventh Son (1988) beschreiten sie neue Wege – Gitarrensynthesizer, Konzeptalben, eine Atmosphäre zwischen Science-Fiction und Magie. Songs wie „Wasted Years", „Stranger in a Strange Land" oder das titelgebende „Seventh Son of a Seventh Son" klingen wie eine Band, die die Grenzen ihres Genres nicht akzeptieren will.

Doch genau in diesem Drang zum Fortschritt liegt auch das Spannungsfeld. Steve Harris sehnt sich nach der rohen Energie der Frühwerke zurück. Adrian Smith hingegen, künstlerisch auf einem anderen Pfad unterwegs, fühlt sich zusehends entfremdet. Harris stellt ein Ultimatum – gib alles oder geh. Smith zögert. Und geht. 1989 verlässt einer der Architekten des Maiden-Sounds die Band – nicht im Groll, aber mit leiser Wehmut. Er widmet sich fortan seinem Soloprojekt A.S.A.P., während Iron Maiden einen neuen Kurs einschlagen.

Während Iron Maiden nach neuen Wegen suchte, wagte auch Bruce Dickinson einen Seitensprung – musikalisch, versteht sich. Mit Tattooed Millionaire veröffentlichte er 1990 sein erstes Soloalbum, das einen Hauch Glam und Classic Rock verströmte. Noch immer Teil von Iron Maiden, brachte er seinen Gitarristen Janick Gers mit in die Band – ein impulsiver Spieler, dessen wilde Bühnenperformance bald zum festen Bestandteil der Maiden-Shows werden sollte.

Im selben Jahr erschien No Prayer for the Dying – ein Album, das sich vom epischen Sound der Vorgänger verabschiedete und sich rauer, direkter und weniger verspielt zeigte. Die Fans waren gespalten, Kritiker zogen oft die Stirn kraus. Doch mit „Bring Your Daughter... to the Slaughter", ursprünglich für den Horrorfilm Nightmare on Elm Street 5 geschrieben, erreichte die

Band zum ersten und bislang einzigen Mal die Spitze der britischen Charts. Ein seltsamer Triumph – gefeiert, aber nicht geliebt. 1992 folgte Fear of the Dark, ein Album, das die Herzen der Fans ein Stück weit zurückeroberte. Der Titeltrack wurde zur Hymne, „Afraid to Shoot Strangers" zum stillen Protest. Iron Maiden wirkten entschlossen, aber auch verletzlich – wie ein Koloss, der seine Form zu halten versucht, während die Welt sich weiterdreht.

Als Bruce Dickinson am Ende der Fear of the Dark-Tour 1992 seinen Abschied verkündete, hallte ein kollektives Raunen durch die Welt des Heavy Metal. Für viele Fans war er das Gesicht, die Stimme, die Seele von Iron Maiden – und sein Fortgang ein Schlag, den man kaum fassen konnte. In einer Mischung aus Melancholie und Größe verabschiedete sich Dickinson mit drei Live-Alben (A Real Live One, A Real Dead One, Live at Donington) – Momentaufnahmen eines Frontmanns auf dem Zenit seiner Kraft. Sein letzter Auftritt mit Maiden wurde zum Spektakel: Beim Konzert Raising Hell ließ der amerikanische Illusionist Simon Drake Zauber, Grusel und Ironie aufeinandertreffen. Und dann, am Ende, wurde Bruce Dickinson – wie ein Symbol seines Ausstiegs – in einer überdimensionalen Eisernen Jungfrau eingeschlossen. Ein Abschied, so dramatisch und theatralisch, wie es nur Iron Maiden inszenieren konnte. Doch unter all dem Glanz und Spektakel lag ein stilles, beinahe schmerzhaftes Gefühl: Etwas ging zu Ende, das größer war als die Summe seiner Teile.

Nach einem Jahr der Suche kehrte Iron Maiden 1994 mit einem neuen Frontmann zurück: Blaze Bayley, zuvor Sänger der britischen Band Wolfsbane. Es war ein mutiger Schritt, denn Bayleys Stimme unterschied sich fundamental von der kraftvollen Theatralik Bruce Dickinsons – tiefer, rauer, melancholischer.

Mit The X Factor (1995) begab sich die Band auf musikalisches Neuland: düsterer, introspektiver, fast schon trostlos wirkender Metal, der in eine Zeit tiefer Unsicherheit passte. Doch nicht alle Fans konnten oder wollten diesen neuen Kurs mitgehen. Bayley kämpfte mit dem schweren Erbe, das Dickinson hinterlassen hatte. Vor allem die alten Maiden-Hymnen wollten nicht zu seiner Stimmlage passen – live wurde das besonders deutlich. Die Konzerte fanden vor kleinerem Publikum statt, manche Hallen blieben halb leer. Und doch: The X Factor hatte Momente intensiver Tiefe, die heute eine gewisse Kultstellung genießen.

1996 erschien das Best-of-Album Best of the Beast, das mit „Virus" einen neuen, beachtlichen Song enthielt. Zwei Jahre später folgte Virtual XI – ein Werk, das ebenfalls die Fanlager spaltete. Bayleys Schwierigkeiten mit der Stimme und die verhaltene Resonanz führten dazu, dass die Band die Tour 1999 abbrechen musste. In gegenseitigem Einvernehmen trennten sich Iron Maiden und Blaze Bayley – der Versuch einer neuen Ära war vorerst gescheitert. Doch es war auch eine Zeit, in der Maiden ihre Widerstandskraft bewies: Sie existierten weiter, auch im Gegenwind.

Am 10. Februar 1999 schrieb Iron Maiden Geschichte – nicht durch ein Album oder ein Konzert, sondern durch einen Schritt zurück ins Herz der eigenen Legende: Bruce Dickinson und Adrian Smith kehrten zur Band zurück. Blaze Bayley verabschiedete sich mit Würde, Janick Gers blieb – und zum ersten Mal trat Iron Maiden mit drei Gitarristen an. Eine Entscheidung, die viele überraschte, aber bald zu einem unverkennbaren Merkmal des neuen Maiden-Sounds werden sollte. Die darauffolgende Tour wurde zum Triumphzug – die Fans, ausgehungert nach Klassikern in Originalbesetzung, strömten in Massen. Und als 2000 das Album Brave New World erschien, schien es, als hätte die Band nie innegehalten: hymnisch, kraftvoll, episch – Iron Maiden waren zurück, größer denn je. Beim Dynamo Open Air in Nijmegen am 6. Juni 2000 setzten sie ein unüberhörbares Ausrufezeichen – nicht als Nostalgie-Act, sondern als lebendige Legende.

Beim Konzert in Mannheim im Juli 2000 kam es zu einem jener Momente, die das Leben auf der Bühne unvergesslich machen: Gitarrist Janick Gers – berüchtigt für seine wilden Bühnenposen – verlor während The Number of the Beast das Gleichgewicht und stürzte in den Fotograben. Mit Prellungen ins Krankenhaus gebracht, konnte er den Abend nicht beenden. Doch Iron Maiden wären nicht Iron Maiden, wenn sie nicht auch zu zweit die Bühne gerockt hätten – Dave Murray und Adrian Smith übernahmen, der Zugabenblock wurde mit Bravour gemeistert.

Den darauffolgenden Auftritt musste die Band absagen – eine seltene Pause im stürmischen Tourkalender. Doch kaum ein Jahr später katapultierten sich Iron Maiden ins Zentrum der Metal-Galaxis: Als Headliner des Rock-in-Rio-Festivals 2001 spielten sie vor über 250.000 Menschen – ein Meer aus bangenden Köpfen, erhobenen Fäusten und flammender Leidenschaft. Die daraus entstandene Live-DVD und das gleichnamige Album zählen bis heute zu den eindrucksvollsten Zeugnissen ihrer ungebrochenen Macht.

Am 8. September 2003 öffnete sich ein weiteres Kapitel in der Saga von Iron Maiden: Dance of Death, das dreizehnte Studioalbum, wurde veröffentlicht. Verkaufszahlen, die Brave New World übertrafen, unterstrichen die ungebrochene Zugkraft der Band – doch das Album selbst sorgte für hitzige Debatten unter den Fans. Orchestrale Passagen, eine epische Ballade und ein Hauch musikalischer Theatralik – für manche war es ein kühner

Schritt vorwärts, für andere ein Griff ins Ungewisse. Doch wer Maiden kennt, weiß: Am überzeugendsten sind sie live. Die Dance of Death World Tour brachte die Band zurück nach Deutschland – mit donnernden Hymnen, loderndem Bühnenfeuer und einem Eddie, der sich in immer neuen Gestalten offenbarte. Die Westfalenhalle in Dortmund und die Schleyer-Halle in Stuttgart: ausverkauft, ekstatisch, unvergesslich.

In den Jahren nach Dance of Death zeigten Iron Maiden einmal mehr, dass sie nicht nur Musiker, sondern auch Chronisten ihrer eigenen Legende sind. Mit Eddie's Archive veröffentlichten sie 2002 eine aufwendig gestaltete Schatztruhe für Fans und Sammler: drei Doppel-CDs mit bislang unveröffentlichtem Material – darunter Mitschnitte vom Reading Festival, Donington, dem Hammersmith Odeon und rare BBC-Aufnahmen – sowie eine umfassende B-Seiten-Sammlung. Verpackt in eine metallene Box, komplettiert mit einem Siegelring, einem Schnapsglas und einem Stammbaum der Band auf Pergament, wurde dieses Werk zur heiligen Reliquie im Maiden-Kult. Edward the Great, eine Sammlung ihrer größten Hits, bot Einsteigern wie Veteranen einen kompakten Überblick über die Triumphzüge der Bandgeschichte. Und auch das Visuelle kam nicht zu kurz: Visions of the Beast, eine DVD, versammelte sämtliche Promo-Videos der Band – ein audiovisuelles Zeitdokument, das die Evolution von Eddie und Band in bewegten Bildern erzählt. Begleitend zur Dance-of-Death-Tour erschien zudem die EP No More Lies, mit alternativen Versionen von Albumtracks, einem Live-Video und einem ganz besonderen Extra für die Fans: einem originalen Iron-Maiden-Schweißband – ein kleiner, aber kultiger Talisman aus dem Herzen der Bühne.

Im Jahr 2004 öffneten Iron Maiden ein Fenster in ihre eigene Vergangenheit: Mit der DVD The Early Days – Part I präsentierten sie eine liebevoll kuratierte Retrospektive auf die Jahre 1976 bis 1983 – die Ära, in der aus wilden Träumen Stahl wurde. Im Zentrum steht eine 90-minütige Dokumentation, gespickt mit Interviews, Archivmaterial und Anekdoten, die den Mythos Iron Maiden greifbar machen. Ergänzt wird das Zeitdokument durch rare Live-Mitschnitte aus den Jahren 1980, 1982 und 1983 – rohe, energetische Performances, die den ungezähmten Geist der frühen Jahre in die Wohnzimmer der Fans bringen. The Early Days ist mehr als eine Nostalgieschau – es ist der Beweis, dass aus Leidenschaft Geschichte werden kann. Der Titel „Part I" weckt Erwartungen – und Hoffnung: auf weitere Blicke zurück in eine Karriere, die nicht nur Musikgeschichte schrieb, sondern sie prägte wie kaum eine zweite.

2005 zogen Iron Maiden wieder über die großen Festivalbühnen Europas – und ließen keinen Stein auf dem anderen. Ob beim With Full Force in Leipzig oder als Headliner bei Rock am Ring und Rock im Park: Überall schlugen sie wie ein Donnerschlag ein. Am 12. Juli 2005 standen sie schließlich vor über 55.000 begeisterten Fans im Ullevi Stadium in Göteborg – ein Konzert so gewaltig, dass es vom schwedischen Fernsehen live übertragen wurde. Es war die erste Live-Übertragung eines Konzerts In Schweden seit Live Aid 1985 – ein Ritterschlag in Sachen kultureller Bedeutung. Insgesamt spielten Iron Maiden in jenem Sommer vor über 450.000 Menschen – im Schnitt 22.500 pro Abend. Eine Zahl, die nicht nur von Popularität zeugt, sondern von einer ungebrochenen Live-Macht.

Als klangliches Monument dieser Zeit erschien am 29. August 2005 die Live-CD Death on the Road. Sie fängt das Feuer der Dance of Death World Tour ein – insbesondere das explosive Konzert vom November 2003 in der Dortmunder Westfalenhalle. Die begleitende DVD, die am 6. Februar 2006 veröffentlicht wurde, ergänzt den Mitschnitt um eine 75-minütige Dokumentation – ein Blick hinter die Kulissen einer der größten Metal-Tourneen des Jahrzehnts.

Schon auf Dance of Death (2003) deutete sich eine klangliche Neuausrichtung an – weg vom reinen Metal-Epos, hin zu tiefgreifender Thematik, komplexeren Arrangements und erzählerischer Dichte. Besonders „Paschendale", das bedrückende Meisterwerk über die Schrecken des Ersten Weltkriegs, stach hervor. In einem Interview mit der BBC nannte Bruce Dickinson den Song einen „Trittstein" – eine musikalische Vision dessen, wohin der Weg führen könnte. Und dieser Weg führte direkt zu A Matter of Life and Death. Im März 2006 begannen Iron Maiden mit Produzent Kevin Shirley die Studioarbeit. In nur neun Wochen entstand das Album: drei Wochen Schreiben, drei Wochen Proben, drei Wochen Aufnahme. Schnell, fokussiert – und dennoch voller Tiefe. Als das Album am 25. August 2006 erschien, war es mehr als ein weiteres Kapitel der Diskografie. Es war ein Statement. In Deutschland stürmte A Matter of Life and Death auf Platz 1 der Albumcharts – ebenso in Schweden, Italien, Finnland, Griechenland, Slowenien, Tschechien, Kroatien, Polen und Brasilien. Ein weltweiter Triumph für ein Werk, das sich kompromisslos gegen den Strom stemmte – musikalisch wie thematisch.

Im Februar 2008 kehrte ein Stück Metalgeschichte zurück: Live After Death, das legendäre Konzertvideo von 1985, erschien als überarbeitete DVD-Version – ergänzt um den zweiten Teil der Banddokumentation. Fast zeitgleich rief Iron Maiden mit der Somewhere Back in Time Tour eine Reise durch ihre eigene Frühphase ins Leben. Die Setlist bestand zu großen Teilen aus Klassikern, die bereits auf der Live-After-Death-DVD unsterblich geworden waren – eine Verneigung vor der goldenen

Ära der Band. Am 31. Juli 2008 spielte Iron Maiden als Headliner beim Wacken Open Air – vor rund 75.000 euphorischen Fans. Die Auswahl der Songs war ein Geschenk an die treuen Anhänger: Bis auf „Fear of the Dark" stammten sämtliche Stücke von den Alben Iron Maiden, The Number of the Beast, Piece of Mind, Powerslave, Somewhere in Time und Seventh Son of a Seventh Son. Es war eine epische Zeitreise – roh, ehrlich, laut. Iron Maiden in Reinform.

Am 14. März 2009 feierte Iron Maiden: Flight 666 Premiere – eine Dokumentation, die weit mehr war als nur ein Tourfilm. Die Kamera folgte der Band auf ihrer „Somewhere Back in Time World Tour" 2008 – eine Reise um die Welt in einem eigens gecharterten Flugzeug, der legendären Ed Force One. Und am Steuer: kein geringerer als Sänger Bruce Dickinson, der die Maschine mit der gleichen Präzision durch die Lüfte steuerte, mit der er sonst über die Bühnen fegte. Der Film, gedreht von den Machern der hochgelobten Doku Metal – A Headbanger's Journey, zeigt Iron Maiden so nahbar, humorvoll und menschlich wie nie zuvor – zwischen Jetlag, Fans aus aller Welt und dem unermüdlichen Rausch der Musik. Nach der Kinoveröffentlichung im April 2009 erschien Flight 666 auch als Blu-ray, Doppel-DVD und Doppel-CD – ein Gesamtkunstwerk für Augen und Ohren, das die Legende Iron Maiden mit einem weiteren Kapitel versah.

Am 5. August 2010 kehrten Iron Maiden triumphal zum Wacken Open Air zurück – als Helden einer Generation, die längst neue Maßstäbe setzte. Nur wenige Tage später, am 13. August, erschien ihr fünfzehntes Studioalbum The Final Frontier. Bereits im Vorfeld hatte die Band mit dem kostenlosen Song „El Dorado" und einem aufwendig produzierten Musikvideo zum Titeltrack die Vorfreude der Fans weltweit geschürt. Das Album stieg direkt auf Platz 1 der deutschen Charts ein – ein weiteres Ausrufezeichen in ihrer ohnehin imposanten Karriere.

Doch Iron Maiden zeigten in dieser Zeit nicht nur musikalische Größe. Als das verheerende Tōhoku-Erdbeben Japan erschütterte, spendete die Band sämtliche Einnahmen aus dem Verkauf ihrer Tourshirts in Tokio an das japanische Rote Kreuz – ein Zeichen tiefer Solidarität mit den Fans in der Ferne. Die geplanten Konzerte in Japan mussten abgesagt werden, doch die Verbundenheit blieb.

2012 folgte mit En Vivo ein weiterer Beweis für die ungebrochene Kraft der Band auf der Bühne: Aufgenommen im Estadio Nacional in Santiago de Chile vor 50.000 ekstatischen Fans, bot der Mitschnitt nicht nur ein Live-Erlebnis in Hochform, sondern auch intime Einblicke in das Tourleben durch die Dokumentation Behind the Beast. Fünf Songs aus The Final Frontier wurden präsentiert – ein Statement, dass Maiden sich nicht auf alten Lorbeeren ausruht.

2014 krönte die Band diesen Abschnitt mit spektakulären Headliner-Auftritten auf Rock am Ring und Rock im Park – als würde sie der Welt zurufen: Wir sind immer noch da. Und wir sind noch lange nicht fertig.

Im Dezember 2014 trifft die Welt von Iron Maiden ein unerwarteter Schlag: Bei Sänger Bruce Dickinson wird ein Zungengrundkarzinom diagnostiziert – just in dem Moment, als das neue Studioalbum fast vollständig eingespielt ist. Die geplante Veröffentlichung wird verschoben, die Zukunft der Band steht auf einmal in Frage. Doch wie so oft im Leben von Maiden verwandelt sich auch diese Krise in Kraft: Am 15. Mai 2015 verkündet das Management, dass Dickinsons Therapie erfolgreich war – ein Aufatmen geht durch die Fangemeinde rund um den Globus.

Nur wenige Wochen später wird das Comeback angekündigt: The Book of Souls, ein monumentales Doppelalbum mit elf Songs und über 90 Minuten Spielzeit. Der Longplayer erscheint am 4. September 2015 und wird von der epischen Single „Speed Of Light" flankiert, deren Video bei Fans wie Kritikern Begeisterung auslöst. Das Album ist nicht nur ein musikalisches Statement – es ist ein Lebenszeichen. Ein Aufschrei gegen die Vergänglichkeit.

Sechs Jahre später, im Juli 2021, meldet sich die Band erneut zurück: Mit The Writing on the Wall erscheint ein kunstvoll animiertes Video, das die Rückkehr eines neuen Albums ankündigt. Am 3. September 2021 schließlich wird Senjutsu veröffentlicht – ein weiteres Kapitel im Spätwerk einer Band, die längst zur Legende geworden ist. Ein Werk, getragen von Reife, Weitblick und jener unbändigen Energie, die Iron Maiden über Jahrzehnte auszeichnet.

Eddie – Der wandelbare Wächter des Heavy Metal

Eddie, das Maskottchen von Iron Maiden, ist weit mehr als nur ein gruseliges Gesicht auf Albumcovern. Er ist eine Ikone, ein Symbol für die Band und für den Heavy Metal im Allgemeinen. Eddie verkörpert all das, was Iron Maiden ausmacht: Rebellion, Fantasie, Mythos und Energie. Fast jedes Album- und Single-Cover der Band zeigt ihn in immer neuen Erscheinungen – mal als untoter Soldat, mal als futuristischer Cyborg, mal als altägyptischer Gott. Auf der Bühne erscheint er oft als überlebensgroße Puppe, eine mächtige Präsenz, die das Publikum elektrisiert. Sein Aussehen hat sich über die Jahrzehnte gewandelt, doch seine markanten Merkmale – die knochige Nasenpartie, der lippenlose Mund mit freistehendem Gebiss – sind bis heute geblieben. Eddie ist nicht nur ein Maskottchen. Er ist das Gesicht einer Legende.

Der erste Eddie war noch weit entfernt von dem aufwändigen Maskottchen, das später weltweit für Furore sorgen sollte. Ursprünglich handelte es sich um eine einfache Theatermaske – zu sehen auf den Bandfotos des ersten Iron-Maiden-Albums und auf dem Cover der Single „Running Free". Bei frühen Konzerten war dieser Ur-Eddie mit einer simplen Pumpe verbunden, die verschiedenste Flüssigkeiten auf das Publikum spritzte. Die Konstruktion hing über dem damaligen Schlagzeuger Doug Sampson – und bald begannen Fans, allerlei Gegenstände in Eddies Maul zu werfen, als wäre es ein Zielspiel. Sein voller Name? Edward the Head – eine sarkastische Wortspielerei, erstmals auf dem Cover des legendären „Live After Death"-Albums zu lesen. Der Rest seines Nachnamens? Verborgen hinter einem Batzen Erde – ganz in Maiden-Manier, geheimnisvoll und mit einem Augenzwinkern.

Derek Riggs – der Vater von Eddie

Eddies endgültige Gestalt verdankt Iron Maiden dem britischen Künstler Derek Riggs. Auf dem Cover der Single „Running Free" von 1980 zeichnete sich erstmals eine Silhouette ab – groß, hager, zombiehaft – eine Kreatur aus Albträumen und urbaner Fantasie. Als die Band wenig später ein passendes Artwork für ihr erstes Album suchte, fiel die Wahl auf eine Illustration von Riggs, die genau dieser geisterhaften Figur Leben einhauchte. Eddie war geboren – und Riggs wurde zum Stammkünstler der Band. Über Jahre hinweg schuf Riggs mehr als 60 Coverillustrationen für Iron Maiden – darunter sämtliche Artworks der ersten acht Studioalben sowie legendäre Live-

Veröffentlichungen wie „Live After Death", „A Real Live One" und „A Real Dead One". Auch das obere Segment des Covers von „Brave New World" stammt aus seiner Feder. In fast jedem seiner Werke versteckte Riggs eine stilisierte Signatur: ein raffiniert eingebettetes Logo, das seine Initialen „D. R." trug – ein visueller Fingerzeig für die Eingeweihten. Mit dem Artwork von „Brave New World" endete seine aktive Zusammenarbeit mit Iron Maiden – doch sein Vermächtnis lebt auf jedem Poster, jedem T-Shirt und in jedem Maiden-Fanherzen weiter. Sollen wir mit Eddies digitalen Abenteuern oder der Ed Force One weitermachen?

Eddie goes global – Vom Videospiel zum Himmel

Eddie eroberte längst auch die digitale Welt. 1999 trat er als Hauptfigur im Ego-Shooter Ed Hunter auf, der zusammen mit einer von Fans kuratierten Best-of-CD veröffentlicht wurde. Der Spieler schlüpft dabei in Eddies Haut und kämpft sich durch düstere Levels – untermalt von der Musik von Iron Maiden. Auch in Tony Hawk's Pro Skater 4 taucht Eddie als spielbarer Charakter auf – ein unerwarteter, aber stilvoller Brückenschlag zwischen Skateboard-Kultur und Heavy Metal.

Doch Eddie ist nicht nur virtuell unterwegs. Seit 2008 ziert er auch die Lüfte – auf dem Leitwerk der Ed Force One, einem speziell umgebauten Flugzeug, das Iron Maiden samt Equipment zu ihren Auftritten rund um den Globus bringt. Anfangs handelte es sich um eine Boeing 757, ab der Book of Souls-Tournee 2016 sogar um eine gewaltige Boeing 747. Gesteuert wurde das fliegende Ungetüm von niemand Geringerem als Bruce Dickinson persönlich – Sänger, Pilot, Ikone. Ein fliegender Beweis dafür, dass Iron Maiden nicht nur musikalisch, sondern auch symbolisch überall präsent sind – mit Eddie stets im Gepäck.

Eddies Einfluss reicht weit über Iron Maiden hinaus. Viele Metalbands ließen sich von seiner markanten Erscheinung inspirieren und entwickelten eigene Maskottchen, die dem untoten Aushängeschild von Maiden stilistisch oder konzeptionell nahestehen. So etwa Vic Rattlehead von Megadeth, ein skelettierter Totenkopf mit verschlossenen Augen, Mund und Ohren – Sinnbild für Zensur und Ignoranz. Oder Fangface von Gamma Ray, dessen wildes Grinsen und groteske Physiognomie stark an Eddie erinnert – kein Wunder, stammt die Figur doch ebenfalls aus der Feder von Derek Riggs. Eddie war nie bloß ein Bild auf einem Cover – er war und ist ein visueller Fixpunkt des Genres, ein Totem, das Generationen von Bands inspiriert hat.

Die Ed Force One – Stahlvogel des Heavy Metal

Benannt in augenzwinkernder Anlehnung an die US-amerikanische Präsidentenmaschine, wurde die Ed Force One zur fliegenden Heimat von Iron Maiden – ein maßgeschneiderter Tourbus für den Himmel. Gesteuert von keinem Geringeren als Bruce Dickinson höchstpersönlich, dem Frontmann mit der donnernden Stimme und der Fluglizenz. Seit den 1990er Jahren ist Dickinson nicht nur Rockmusiker, sondern auch ausgebildeter Verkehrspilot und Luftfahrtunternehmer. Diese seltene Doppelrolle macht die Ed Force One zu einem ganz besonderen Kapitel der Iron-Maiden-Geschichte: Ein Sänger, der seine Band durch die Lüfte trägt – buchstäblich. Eine Vision, die irgendwo zwischen Mythos und Realität schwebt. Metallisch, majestätisch, Maiden.

Für die Somewhere Back in Time World Tour 2008 und 2009 hob Iron Maiden mit einer gecharterten Boeing 757 ab – Kennzeichen G-OJIB. Die Maschine gehörte zur Flotte der Astraeus Airlines, wo auch offiziell als Linienpilot tätig war.

2011 folgte für die Final Frontier World Tour eine weitere 757 aus derselben Flotte – diesmal mit dem Kennzeichen G-STRX. Doch das war erst der Auftakt für das nächste Kapitel in der Luftgeschichte des Metal:

2016, zur The Book of Souls World Tour, ließ sich die Band nicht lumpen und setzte auf ein noch größeres Kaliber – eine Boeing 747 mit dem Kennzeichen TF-AAK, geleast von Air Atlanta Icelandic. Bruce Dickinson erweiterte extra seine Musterberechtigung, um auch dieses tonnenschwere Ungetüm selbst zu steuern. Eine Rockband, die von ihrem Sänger durch die Lüfte geflogen wird – wer kann das schon von sich behaupten?

Doch selbst ein solches Luftschiff ist nicht vor Zwischenfällen gefeit: Am 12. März 2016, in Santiago de Chile, kollidierte die Ed Force One mit einem Schlepperfahrzeug. Zwei Triebwerke wurden schwer beschädigt, zwei Personen verletzt – ein Schock für Crew und Fans. Doch wie es sich für ein echtes Metal-Monster gehört, kehrte die Maschine nach nur zehn Tagen, vollständig repariert, zuruck in die Lüfte. Unaufhaltbar. Unverwüstlich. Maiden.

Nach der Auflösung von Astraeus Airlines wurde G-OJIB von FedEx übernommen und dient seit 2013 – mit Iron-Maiden-Geist im Rumpf – als Frachtflugzeug. Die Schwester G-STRX hingegen wurde 2012 auf dem Phoenix Goodyear Airport verschrottet. Auch die prächtige 747 TF-AAK kehrte 2016 an Air Atlanta zurück, flog vier Jahre für Saudi Arabian Airlines, wurde 2022 ausgemustert – und im Juli 2024 schließlich ebenfalls verschrottet. Doch egal, wo sie heute stehen: Diese Maschinen haben Metalgeschichte geschrieben.

Kurioses & Kult: Die kleinen Legenden rund um Iron Maiden

Iron Maiden stehen nicht nur für donnernde Riffs, ikonische Alben und epische Liveshows. Die Band hat im Laufe der Jahrzehnte auch eine ganze Reihe von liebenswerten, schrägen und kuriosen Eigenheiten kultiviert, die sie weit über ihre Musik hinaus zu einer lebenden Legende gemacht haben. Es sind diese kleinen Geschichten am Rande des Scheinwerferlichts, die Iron Maiden für ihre Fans noch unvergesslicher machen.

Wer schon einmal ein Iron-Maiden-Konzert besucht hat, kennt sie – diese kleinen musikalischen Signale, die wie ein geheimes Zeichen die Show rahmen. Während der Umbaupausen zwischen Vorband und Headliner erklingt stets „Doctor Doctor" von UFO, jener hymnische Song vom Album Phenomenon, der für viele Fans längst zum inoffiziellen Startschuss geworden ist. Und wenn nach dem letzten Ton der Zugabe die Bühne langsam wieder im Halbdunkel versinkt, ertönt aus den Lautsprechern fast trotzig optimistisch Monty Pythons „Always Look on the Bright Side of Life". Ein schräges, charmantes Augenzwinkern zum Abschied – und ein fester Bestandteil des Maiden-Kults, der den Saal mit einem letzten Lächeln entlässt.

Selbst jenseits von Bühne und Studio macht Iron Maiden von sich reden – mal kämpferisch, mal kurios, mal geradezu wissenschaftlich. So ging die Band im Sommer 2009 rigoros gegen den Verkauf illegaler Bootleg-CDs vor. Besonders die in den 1990er Jahren kursierende „Live-USA-Serie", die sich bis in Elektromärkte und Supermärkte geschlichen hatte, wurde zum Ziel einer regelrechten Abmahnwelle. Einzelpersonen, die solche Aufnahmen etwa über Ebay verkauften, erhielten Post von einer Anwaltskanzlei – ein Vorgehen, das bei Fans durchaus kontrovers diskutiert wurde.

Doch nicht nur Kopien, auch Namensrechte wurden verteidigt: 2006 berichtete der Evening Standard von einer Band, die sich selbst als „die eigentliche Iron Maiden" bezeichnete. Sie behauptete, Name und Outfit seien von ihnen abgeschaut worden. 2012 veröffentlichten sie trotzig ein Album unter dem Titel „Maiden Voyage" – unter dem Namen The (Original) Iron Maiden. Der bizarr anmutende Namensstreit wurde in der Szene mit schmunzelndem Stirnrunzeln verfolgt.

Währenddessen wagte sich die „echte" Iron Maiden in neue Geschäftsfelder: 2015 kamen mit den ED-PHON3S eigens für Heavy Metal entwickelte Kopfhörer auf den Markt – in Zusammenarbeit mit der japanischen Onkyo Corporation. Und weil guter Sound durstig macht, füllte die Band ihr eigenes Bier namens Trooper in Flaschen, mit dem Bruce Dickinson angeblich persönlich an der Rezeptur tüftelte.

Auch staatliche Ehrung blieb nicht aus: 2023 würdigte die britische Post Iron Maiden mit einer eigenen Briefmarkenreihe – zwölf Marken mit legendären Bandfotos und natürlich: Eddie.

Und dann ist da noch die kleine Fliege mit dem großen Namen: Xestochironomus virgoferreae. Entdeckt in einem atlantischen Regenwald in Brasilien, wurde sie 2013 nach der lateinischen Übersetzung von „Iron Maiden" benannt – virgo ferrea. Eine zoologische Verneigung vor einer Band, die längst selbst zur Naturgewalt geworden ist.

Ein Wiedersehen der Urgesteine

Am 29. Dezember 2018, mitten im winterlichen London, geschah etwas, das viele Fans als ein stilles Wunder empfanden: Vier der fünf Gründungsmitglieder von Iron Maiden versammelten sich nach über vier Jahrzehnten wieder an einem Tisch. Steve Harris, der Mann mit der Vision. Paul Mario Day, die erste Stimme der Band. Und die beiden Gitarristen Dave Sullivan und Terry Rance – sie alle waren da. Lediglich Schlagzeuger Ron Matthews fehlte. Es war keine Bühnenshow, kein mediales Spektakel. Sondern ein leiser, bedeutsamer Moment. Ein Blick zurück auf jenen Dezember 1975, als alles begann. Dieses Wiedersehen war mehr als ein Treffen alter Freunde – es war ein lebendiges Denkmal für die Wurzeln einer Band, die zu einer Legende wurde. Ein Moment, der zeigte: Iron Maiden ist nicht nur eine Institution, sondern ein Band aus Erinnerungen, Musik – und Menschen.

Tribut mit Leidenschaft: Wenn andere in Eddies Fußstapfen treten

Iron Maiden haben nicht nur Generationen von Musikern inspiriert, sondern auch eine Vielzahl von Tribute-Bands hervorgebracht – unter ihnen zwei besonders bemerkenswerte: The Iron Maidens aus Kalifornien und 667 – The Neighbour of the Beast aus Fulda, Deutschland.

The Iron Maidens: Hommage mit Haltung

Dass Iron Maiden nicht nur eine Band, sondern eine kulturelle Kraft sind, zeigt sich auch an ihren Tributebands – allen

voran The Iron Maidens. Diese ausschließlich aus Frauen beste-
hende Formation wurde 2001 in Los Angeles gegründet und hat
sich seither einen Namen als wohl bekannteste und erfolgreichste weibliche Iron-Maiden-Coverband der Welt gemacht.
Mit klangvollen Pseudonymen wie „Bruce Chickinson" (Kirsten
Rosenberg), „Steph Harris" (Wanda Ortiz) oder „Nikki McBur-
rain" (Linda McDonald) zollen sie den Originalmitgliedern nicht
nur musikalisch, sondern auch mit einem Augenzwinkern Tribut.

Die Iron Maidens stehen längst nicht mehr im Schatten ihrer
Vorbilder. Ihre energiegeladenen Auftritte – unter anderem
beim Wacken Open Air und auf weltweiten Tourneen – verbinden technisches Können mit echter Leidenschaft für das Werk
von Iron Maiden. Dass Mitglieder der Originalband, darunter
Steve Harris und Bruce Dickinson, persönlich ihre Anerkennung
bekundet haben, spricht Bände. Die Iron Maidens verkörpern,
wie tief der Einfluss der britischen Metal-Giganten reicht – und
dass dieser weit über Generationen, Geschlechter und Konti-
nente hinaus wirkt.

667 – The Neighbour of the Beast: Hessens Antwort auf die
Eisernen Jungfrauen

Seit ihrer Gründung im Jahr 1998 hat sich die Band 667 –
The Neighbour of the Beast aus Fulda einen festen Platz in der
internationalen Tribute-Szene erspielt. Was als leidenschaftli-
ches Fanprojekt begann, hat sich über die Jahre zu einer pro-
fessionellen Hommage an Iron Maiden entwickelt – mit beeindruckender Bühnenpräsenz, musikalischer Präzision und einem
tiefen Respekt gegenüber dem Original. Der Name selbst, au-
genzwinkernd abgeleitet von „The Number of the Beast",

verweist schon auf die Mischung aus Humor, Fanliebe und tiefem Verständnis für die Welt, die Iron Maiden über Jahrzehnte erschaffen hat. Ob in kleinen Clubs oder auf großen Festivalbühnen – 667 liefert eine Liveshow, die dem Original in Energie, Detailverliebtheit und Spielfreude in nichts nachsteht.

Die Setlists der Band lesen sich wie ein Wunschzettel für Maiden-Fans: Neben Klassikern wie „Hallowed Be Thy Name", „Aces High" oder „The Trooper" greifen 667 auch regelmäßig tief in die Diskografie und präsentieren selten gespielte Perlen wie „Purgatory" oder „Alexander the Great". Besonders hervorzuheben ist ihre visuelle Umsetzung: Das ikonische Maskottchen Eddie fehlt bei keinem Auftritt – oft in aufwändigen Kostümen und beeindruckender Größe, manchmal in originellen, handgemachten Variationen. Die Bühne wird mit Bannern, Lichtshows und Details geschmückt, die den Geist einer klassischen Maiden-Show atmen lassen. Doch 667 bleibt dabei stets authentisch – nie reine Kopie, sondern lebendige Interpretation. Kein Abklatsch, sondern musikalisches Vermächtnis mit eigenem Herzschlag.

Besondere Anerkennung erfuhr die Band durch gemeinsame Auftritte mit Ex-Maiden-Sängern Paul Di'Anno und Blaze Bayley sowie Gitarrist Dennis Stratton. Auch im Vorprogramm von namhaften Acts wie Doro, Saxon oder U.D.O. machten sie sich einen Namen. Internationale Fans kennen 667 von der Iron Maiden World Convention, bei der sie seit 2008 regelmäßig auftreten – als einziges deutsches Tribute-Projekt mit dieser Reichweite. Die Nähe zu den Fans, ihre unbändige Energie auf der Bühne und die Liebe zum Detail haben sie zu einer Institution gemacht – nicht nur in der deutschen Szene, sondern weit darüber hinaus. 667 – The Neighbour of the Beast ist keine bloße Coverband. Sie sind eine leidenschaftliche Verneigung vor einer der größten Bands der Rockgeschichte – und der lebende Beweis, dass Iron Maiden auch im Herzen Deutschlands ein Zuhause gefunden hat.

Judas Priest

Sie gelten als Pioniere, als Wegbereiter, als Ikonen: Judas Priest haben nicht nur den Sound des Heavy Metal geprägt, sondern ihm auch ein Gesicht gegeben – aus Leder, Nieten und purem Stahl. Mit ihrem markanten Doppelgitarren-Angriff, Rob Halfords einzigartiger Stimme und einer Bühnenpräsenz, die Maßstäbe setzte, schrieben sie Geschichte. Ihr Einfluss zieht sich durch sämtliche Spielarten des Metal und ist bis heute unüberhörbar.

1969, Birmingham – inmitten des dampfenden Herzens der britischen Industriestadt beginnt der Aufstieg einer Band, die später zur Verkörperung des Heavy Metal werden sollte. Zunächst noch tief im Blues verwurzelt, durchläuft Judas Priest in ihren Anfangsjahren zahlreiche Besetzungswechsel – doch dann kommt der Wandel: 1973 stößt Rob Halford zur Band. Seine gewaltige Stimme und charismatische Präsenz verändern alles. Ein Jahr später folgt Gitarrist Glenn Tipton. Zusammen mit K.K. Downing, Ian Hill und Halford entsteht die legendäre Formation, die bald die Bühnen der Welt dominieren wird. Der Bandname? Entlehnt aus Bob Dylans Lied „The Ballad of Frankie Lee and Judas Priest" – ein literarisches Echo auf eine Band, die bald selbst zum Mythos werden sollte.

Ihr Debütalbum Rocka Rolla (1974) klingt noch nach staubigem Bluesrock und psychedellschem Nachhall – ein vorsichtiger Schritt in eine Welt, die sie bald selbst umformen sollten. Mit Sad Wings of Destiny (1976) jedoch beginnen Judas Priest, das Fundament zu legen für das, was wir heute als klassischen Heavy Metal kennen: messerscharfe Gitarrenriffs, opernhafter Gesang und düster-mystische Atmosphäre. Alben wie Sin After Sin (1977) und Stained Class (1978) lassen keinen Zweifel mehr daran – hier formt sich eine Macht, die größer ist als ein bloßes Genre. Der endgültige Paukenschlag folgt 1980 mit British Steel: einem Album, das Metal-Hymnen wie „Breaking the Law", „Living After Midnight" und „United" in die Welt schleudert – direkt ins Herz der Jugend und mitten hinein in die DNA der New Wave of British Heavy Metal. Judas Priest liefern damit nicht nur den Soundtrack einer Bewegung, sondern werden selbst zu deren Flaggschiff.

In den 1980er Jahren erreichen Judas Priest den Zenith ihrer Schaffenskraft – und ihrer Popularität. Mit Screaming for Vengeance (1982) schleudern sie der Welt Metal-Hymnen wie „Electric Eye" und „You've Got Another Thing Comin'" entgegen, kraftvoll und präzise wie ein Laserstrahl. Defenders of the Faith (1984) festigt ihren Ruf als unantastbare Hohepriester des Heavy Metal. Die Bühnen werden größer, die Pyrotechnik spektakulärer – Judas Priest spielen nicht mehr nur Konzerte, sie führen liturgische Metal-Messen auf.

Doch selbst Götter ecken an. Mit Turbo (1986) wagt die Band einen Schritt in Richtung Experiment: Gitarrensynthesizer, Hochglanz-Produktion, ein stilistischer Flirt mit dem Mainstream. Die einen feiern die Modernität, die anderen sehen einen Verrat am heiligen Klang. Die Diskussionen spalten die Fangemeinde – aber Judas Priest bleiben im Gespräch.

1990 erreicht die Band eine andere Art von Öffentlichkeit: In einem vielbeachteten Gerichtsprozess wird ihnen vorgeworfen, durch den Song „Better by You, Better than Me" (ein Cover der Band Spooky Tooth) zwei Jugendliche zum Suizid beeinflusst zu haben. Der Vorwurf: versteckte Rückwärtstexte. Die Verhandlung wird zum Medienspektakel – und endet in einem Freispruch. Doch das Thema Verantwortung von Künstlern bleibt ein bleibender Schatten über der Branche.

Nach dem Ausstieg von Rob Halford im Jahr 1992 steht Judas Priest vor einer Zäsur. An seiner Stelle tritt Tim „Ripper" Owens ans Mikrofon – ein Fan, der vom Coverband-Sänger zum Frontmann einer der größten Metal-Bands der Welt aufsteigt. Ein modernes Märchen, das Respekt verdient. Mit ihm erscheinen Jugulator (1997) und Demolition (2001) – Alben, die Härte und Dunkelheit betonen, aber die Magie früherer Tage nicht vollends entfachen können. Die Fanbasis bleibt gespalten.

Dann, 2003, geschieht das Unfassbare: Rob Halford kehrt zurück. Die Wiedervereinigung wird gefeiert wie eine Heimkehr aus dem Exil – emotional, kathartisch, laut. Mit Angel of Retribution (2005) knüpfen Judas Priest an ihre klassische Stärke an – kraftvoll, hymnisch, kompromisslos.

Nostradamus (2008) hingegen zeigt eine experimentierfreudige Seite der Band. Ein düsteres, orchestrales Konzeptalbum über den berühmten Seher – ambitioniert, theatralisch und von der Kritik mit gemischten Gefühlen aufgenommen. Doch es beweist eines: Judas Priest sind auch im neuen Jahrtausend bereit, sich künstlerisch weiterzuentwickeln.

Judas Priest ist eine Band der Wandlungen – musikalisch wie ästhetisch. Von den bluesigen Anfängen über die stilprägende Schärfe des klassischen Heavy Metal der 1980er bis hin zu experimentellen Ausflügen mit Synthesizern, Konzeptalben und düsterem Industrial-Einschlag: Sie blieben nie stehen, sondern schufen sich in jeder Dekade neu – ohne ihre Wurzeln zu verleugnen.

Rob Halford ist dabei weit mehr als nur ein Sänger. Er ist ein Schwert aus Stimme, das sich mit opernhafter Grandezza und markerschütternden Schreien durch das Klangbild der Band schneidet. Seine Höhen – etwa in „Victim of Changes" oder

„Painkiller" – sind legendär. Seine Bühnenpräsenz? Majestätisch. Unverkennbar.

Die Gitarrenarbeit von K.K. Downing und Glenn Tipton ist der zweite Pfeiler des Judas-Priest-Sounds. Ihre Twin-Guitar-Attacken – melodisch, präzise und messerscharf – setzten Maßstäbe für Generationen von Gitarristen. Songs wie „Electric Eye", „The Sentinel" oder „Hell Bent for Leather" zeigen, wie virtuos und doch zugänglich diese Klangarchitektur sein kann.

Judas Priest haben nicht nur den Sound des Heavy Metal geprägt – sie haben ihm auch sein ikonisches Erscheinungsbild gegeben. Als Rob Halford Ende der 1970er Jahre begann, in Leder, Nieten und Sonnenbrille auf die Bühne zu treten, war das nicht bloß eine Stilfrage – es war ein Statement. Bald wurde dieser Look zum globalen Symbol für Härte, Rebellion und Individualismus. Was viele damals nicht wussten: Halford entnahm die Ästhetik der queeren Lederszene – und schleuste sie so, bewusst oder unbewusst, in eine hypermaskuline Musikrichtung. Das Ergebnis: ein modischer Code, der die Metal-Welt bis heute prägt – von Saxon bis Slayer, von Fans in der ersten Reihe bis zu Tribute-Bands weltweit. Die Verbindung von Klang und Kleidung wurde bei Judas Priest zu einer Einheit – einer Uniform der Außenseiter, der Suchenden, der Lauten. Wer sich die Nietengürtel umschnallte, trug nicht einfach Mode – sondern eine Haltung. Und diese Haltung lebt.

Judas Priest gehören zu den Architekten des Heavy Metal – und das im wörtlichsten Sinne. Ihre Songs, ihr Sound, ihr Auftreten: All das hat nicht nur die Richtung gewiesen, sondern ein Fundament gelegt, auf dem unzählige Bands ihre eigenen Welten errichteten. Von Thrash bis Speed, von Power bis Black Metal – kaum ein Subgenre des Metals, das nicht auf Priest zurückblickt. Mit über 50 Millionen verkauften Tonträgern, dutzenden Gold- und Platin-Auszeichnungen und dem Ritterschlag der Rock and Roll Hall of Fame im Jahr 2022 ist ihr Status längst zementiert. Doch Zahlen sagen nur wenig über das aus, was Judas Priest wirklich sind: Mythos, Inspiration, Ikone. Für ihre Fans sind sie mehr als nur eine Band – sie sind Metal Gods. Und dieser Titel ist kein PR-Slogan, sondern eine Verbeugung vor einer Gruppe, die dem Metal nicht nur eine Stimme, sondern eine Seele gegeben hat.

Rock Goddess

Rock Goddess – das waren nie einfach nur drei Frauen mit Gitarren. Es war der Aufbruch zweier Schwestern und einer Freundin, getragen von Leidenschaft, Mut und dem festen Willen, sich in einer Szene zu behaupten, in der Frauen lange nur als Randerscheinung geduldet wurden. Ihre Geschichte ist eine von familiärer Kraft, musikalischer Entschlossenheit – und dem Beweis, dass auch junge Frauen den Metal mit Feuer und Nachdruck füllen können.

Die Geschichte von Rock Goddess beginnt mitten in den 1970er Jahren, als Jody und Julie Turner – kaum dem Schulalter entwachsen – im elterlichen Musikladen ihre ersten Riffs spielten. Ihr Vater, John Turner, selbst tief verwurzelt im britischen Musikgeschäft, erkannte das Potenzial seiner Töchter und wurde ihr Mentor. 1977 stieß schließlich Schulfreundin Tracey Lamb am Bass dazu, und mit der kurz darauf verpflichteten Donnica Colman an Keyboard und Gitarre war das erste Line-up komplett. In den staubigen Lagerräumen des Musikladens nahm das Schicksal seinen Lauf – und John Turner wurde nicht nur Zeuge, sondern auch Architekt ihrer frühen Karriere.

Da die jungen Musikerinnen noch minderjährig waren, blieb ihnen der Zutritt zu vielen Clubs zunächst verwehrt – von bezahlten Auftritten ganz zu schweigen. Doch statt sich entmutigen zu lassen, übten sie mit eiserner Disziplin in ihrem kleinen Proberaum, feilten an Songs, suchten ihren Klang. 1980, endlich, war es so weit: Ihr erster öffentlicher Auftritt im 101 Club in Clapham markierte den Startschuss. Als Julie Turner mit 14 Jahren endlich legal auf der Bühne stehen durfte, nahmen die Dinge Fahrt auf. Mit dem selbst aufgenommenen Demo „Make My Night" sicherten sich Rock Goddess einen Platz auf dem

Sampler Making Waves – einer Veröffentlichung, die ausschließlich weiblichen Bands eine Plattform bot. Ein leiser Paukenschlag in einer lauten Männerwelt.

Mit dem Making Waves-Sampler in der Tasche begannen Rock Goddess, sich einen Namen zu machen. Es folgte eine erste Tour mit The Gymslips und den Androids of Mu – laut, wild, und doch getragen von jugendlicher Entschlossenheit. Die Musikpresse wurde aufmerksam: Das Magazin Kerrang! stellte die Band in seiner Rubrik „Armed and Ready" vor. Gleichzeitig versuchten einige Journalisten, eine künstliche Rivalität zu Girlschool heraufzubeschwören – doch Rock Goddess ließen sich nicht auf Spielchen ein. Stattdessen konzentrierten sie sich auf ihre Musik. 1982 standen sie regelmäßig auf der Bühne des legendären Marquee Club, spielten auf dem Reading Festival – und sicherten sich schließlich einen Plattenvertrag bei A&M Records.

1983 war es soweit: Mit der Unterstützung von Girlschool-Produzent Vic Maile veröffentlichten Rock Goddess ihr selbstbetiteltes Debütalbum. Die Single „Heavy Metal Rock 'n' Roll" schlug ein – nicht nur in den Ohren, sondern auch in den Medien. Radiointerviews, Fernsehauftritte und eine steigende Bekanntheit folgten. Die Band ging auf Tour, das Album wurde zum Achtungserfolg, und mit „My Angel" gelang sogar ein Einstieg in die britischen Charts (Platz 75). Doch während draußen alles nach Aufbruch und Aufstieg aussah, begannen sich hinter den Kulissen erste Schatten abzuzeichnen – Spannungen, wie sie oft auftreten, wenn jugendlicher Idealismus auf das knallharte Musikgeschäft trifft.

Der erste große Einschnitt ließ nicht lange auf sich warten: Bassistin Tracey Lamb verließ die Band, um ihre eigene Gruppe She zu gründen. Doch Rock Goddess kapitulierten nicht. Dee

O'Malley stieg ein, übernahm Bass und Keyboards – und plötzlich war das Trio wieder vollständig. Noch im selben Jahr erschien das zweite Album „Hell Hath No Fury", diesmal unter der Regie des renommierten Produzenten Chris Tsangarides. Das Werk zeigte eine gereifte Band, kraftvoll und fokussiert. Besonders in den USA fand das Album großen Anklang – dort erschien es sogar mit abgewandelter Tracklist und neuem Cover. Trotz der Umbrüche: Rock Goddess schienen entschlossener denn je.

Rock Goddess tourten quer durch Europa und die USA – und das nicht mit irgendwem. Als Vorband von Größen wie Iron Maiden und Def Leppard standen sie auf den ganz großen Bühnen. Der internationale Durchbruch schien greifbar. Doch hinter den Kulissen häuften sich die Hindernisse. Julie Turner, noch immer minderjährig, durfte aus rechtlichen Gründen nicht an allen Konzerten teilnehmen – eine bittere Einschränkung für die ohnehin gebeutelte Band. Und als wäre das nicht genug, platzte auch noch eine geplante Tournee mit UFO. 1984 begannen sie mit den Arbeiten an ihrem dritten Album, doch der nächste Rückschlag ließ nicht lange auf sich warten: Die Trennung von A&M Records beendete die Aufnahmen abrupt. Der steile Aufstieg geriet ins Stocken.

Nach einer kurzen Schaffenspause meldeten sich Rock Goddess 1985 mit neuem Elan zurück. Mit Unterstützung von Paul Samson (Samson) und Produzent Jo Julian arbeiteten sie an ihrem dritten Studioalbum – trotz aller Rückschläge mit ungebrochener Leidenschaft. Doch die große Bühne war ihnen zu diesem Zeitpunkt bereits entglitten. Die Suche nach einem neuen Plattenvertrag zog sich zäh dahin, größere Labels winkten ab. 1987 erschien das Album „Young & Free" schließlich beim kleinen französischen Label Just in Distribution – ein Werk voll Herzblut, das kaum Gehör fand. Es war ein letztes

Aufbäumen gegen das Vergessen. Im Herbst desselben Jahres verstummte die Band – vorerst.

2009 flackert das Feuer wieder auf: Rock Goddess stehen beim Hard Rock Hell Festival auf der Bühne – und beweisen, dass ihr Name nie ganz aus der Geschichte verschwunden war. Es ist mehr als nur ein Revival. Es ist ein Statement. 2013 finden sich Jody und Julie Turner sowie Tracey Lamb in der legendären Originalbesetzung wieder zusammen. Die Band beginnt mit der Arbeit an neuen Songs – nicht für die Vergangenheit, sondern für die Zukunft.

2019, mehr als drei Jahrzehnte nach ihrem letzten Studioalbum, veröffentlichen sie schließlich „This Time". Der Titel ist Programm: Dieses Mal lassen sie sich nicht mehr aufhalten. Die Songs sind frisch, wütend und voller Haltung – Rock Goddess sind zurück, und sie sind lauter als je zuvor. Ob auf Festivals oder Clubbühnen – sie begeistern alte und neue Fans, als wären sie nie weg gewesen.

Beeinflusst von Größen wie Led Zeppelin, Iron Maiden und Kiss, entwickelten Rock Goddess einen Sound, der roher, direkter und kompromissloser war als der vieler ihrer Zeitgenossen – selbst als jener von Girlschool, mit denen sie oft verglichen wurden. Kritiker beschrieben ihre Musik als „heavier" und „schlüpfriger" – ein Ausdruck für die besondere Mischung aus Härte, Groove und Attitüde. Die kraftvollen Gitarrensoli, die wuchtige Rhythmussektion und die harmonischen Gesangsparts verliehen ihren Songs eine klare Handschrift. Das Debütalbum wurde für seine Energie und Vielseitigkeit gelobt, während das Nachfolgewerk „Hell Hath No Fury" eine poliertere, aber keineswegs gezähmte Weiterentwicklung darstellte.

Rock Goddess haben sich ihren Platz in der britischen Rockgeschichte nicht nur erspielt, sondern erkämpft. In einer Zeit, in der Frauen auf der Bühne eher als Ausnahme galten, standen sie selbstbewusst in der ersten Reihe – mit Verstärkern auf Anschlag. Sie sind Vorbilder, Pionierinnen und Legenden. Und sie haben der Welt bewiesen: Wer rockt, zählt. Nicht wer.

Saxon

Seit den späten 1970ern stehen sie wie ein Fels in der Brandung des Heavy Metal: Saxon – laut, leidenschaftlich und unbeirrbar. Was als Teil der New Wave of British Heavy Metal begann, wurde zur lebenslangen Mission. Mit donnernden Riffs, epischen Hymnen und einer Diskografie, die sich wie ein Lehrbuch des britischen Metals liest, haben sich die Mannen aus South Yorkshire in die Herzen einer treuen Fangemeinde gebrannt – und das bis heute, mit ungebrochener Kraft auf den Bühnen dieser Welt.

Im rauen South Yorkshire des Jahres 1976 formierte sich unter dem provokanten Namen Son of a Bitch eine Truppe, die den Sound des britischen Metal für immer mitprägen sollte. Peter „Biff" Byford mit seiner markanten Stimme, die Gitarristen Paul Quinn und Graham Oliver, Bassist Steve Dawson und Schlagzeuger Pete Gill – allesamt gestandene Musiker aus der lokalen Szene – fanden sich zusammen, um gemeinsam etwas zu schaffen, das lauter, härter und kompromissloser war als alles, was man bisher kannte. Die Saat für Saxon war gesät – rebellisch, erfahren und bereit, die Bühnen zu erobern.

Als die Band 1978 entschied, den Namen Son of a Bitch abzulegen, war das mehr als nur eine kosmetische Maßnahme – es war ein symbolischer Schritt hin zu größerer Ernsthaftigkeit und einem klareren Selbstbild. Der neue Name: Saxon. Kraftvoll, geschichtsträchtig, martialisch. Ein Wort, das nach Schwertklinge klingt, nach Stahl und Tradition – und das perfekt zu dem harten, unverfälschten Sound passte, den die Band verkörperte. Mit diesem Namenswechsel legten sie die Grundlage für den Aufstieg zu einer der prägenden Stimmen der New Wave of British Heavy Metal.

1979 unterschrieben Saxon einen Plattenvertrag bei Carrere Records – ein Schritt, der die Weichen stellte für ihren kometenhaften Aufstieg. Noch im selben Jahr erschien ihr selbstbetiteltes Debütalbum: roh, ungeschliffen, durchtränkt von der Energie der britischen Arbeiterklasse – ein musikalischer Faustschlag, wie gemacht für die brodelnde NWoBHM-Bewegung, die gerade die Clubs der Insel aufmischte.

Doch Saxon zündeten nicht nur den Funken – sie entfachten das Feuer. Mit Wheels of Steel und Strong Arm of the Law (beide 1980) sowie dem Kultalbum Denim and Leather (1981) legten sie gleich drei Klassiker vor, die das Fundament für den britischen Metal der frühen 80er Jahre bilden sollten. Songs wie „747 (Strangers in the Night)", „Princess of the Night" oder der hymnische Titeltrack „Denim and Leather" wurden zu Fanfavoriten – ehrliche, harte Arbeiterhymnen, die bis heute auf keiner Setlist fehlen.

In den frühen 1980er Jahren zogen Saxon unermüdlich über die Bühnen Großbritanniens und Europas – mit donnernden Riffs, wehenden Mähnen und einem Metal, der aus vollem Herzen kam. Sie erspielten sich eine treue, loyale Fangemeinde, die in den Liedern von Stahl, Geschwindigkeit und Freiheit ihre eigene Welt wiederfand.

Doch jenseits des Atlantiks blieb die große Explosion aus. Der amerikanische Markt – groß, glitzernd, gnadenlos – zeigte sich zurückhaltend. In dem Versuch, diese Bastion zu knacken, schlugen Saxon mit Crusader (1984) und Innocence Is No Excuse (1985) einen melodischeren, glatteren Ton an. Doch was als Brücke gedacht war, wurde zum Spalt: Die Urgewalt wich der Zugänglichkeit – und viele treue Fans wandten sich enttäuscht ab. Der große US-Erfolg blieb aus, und Saxon zahlten einen hohen Preis für die Hoffnung auf Mainstream-Ruhm.

Die 1990er Jahre waren für viele Metalbands ein rauer Gegenwind – auch Saxon blieb davon nicht verschont. Es war eine Zeit des Wandels: Gitarrist Graham Oliver verließ 1995 die Band und wurde durch Doug Scarratt ersetzt, während Schlagzeuger Nigel Glockler mehrfach ausschied, nur um immer wieder zurückzukehren – ein Getriebener zwischen Rückzug und Heimkehr.

Doch Saxon ließen sich nicht beirren. Trotz wechselnder Besetzung schlugen sie weiter ihre Riffs in die Welt – unermüdlich, unbeugsam. Mit Alben wie Solid Ball of Rock (1991), Forever Free (1992) und dem energischen Unleash the Beast (1997) zeigten sie, dass der Saxon-Motor auch nach zwei Jahrzehnten noch auf Hochtouren laufen konnte. Es war vielleicht nicht mehr die große Zeit der Hymnen – aber es war die Zeit der Standhaftigkeit. Und die Band bewies: Saxon ist kein Relikt, Saxon ist ein Prinzip.

Im neuen Jahrtausend griffen Saxon wieder zur Axt – nicht um Geschichte zu schreiben, sondern um sie fortzusetzen. Die Band besann sich auf das, was sie einst groß gemacht hatte: donnernde Riffs, hymnische Refrains und die unerschütterliche Stimme von Biff Byford. Mit Lionheart (2004), The Inner Sanctum (2007) und Sacrifice (2013) meldeten sie sich eindrucksvoll zurück – gefeiert von Fans und Kritikern gleichermaßen, als wäre nie eine Krise gewesen. Saxon stiegen wie alte Götter erneut auf die Bühnen dieser Welt. Festivalbühnen wurden zu Schlachtfeldern, auf denen sie zeigten, dass echtes Metalblut niemals erkaltet. Mit eiserner Disziplin und grenzenloser Leidenschaft zementierten sie ihren Status als unverwüstliche Legende. Und auch heute – über vier Jahrzehnte nach dem ersten Riff – sind Saxon nicht zu stoppen. Sie veröffentlichen weiter neue Alben, touren unermüdlich und beweisen: Wahre Metal-Krieger kennen keine Rente.

Mit Carpe Diem (2022) meldeten sich Saxon nicht nur zurück – sie setzten ein Ausrufezeichen. Das Album erreichte ihre besten Chartplatzierungen seit den goldenen 1980er Jahren und bewies eindrucksvoll: Diese Band ist kein Relikt vergangener Tage, sondern ein aktiver Puls im Herzen des modernen Heavy Metal. Saxon haben sich nie dem Zeitgeist unterworfen. Sie gingen ihren Weg mit erhobenem Haupt, durch Sturm und Stille, durch Euphorie und Ernüchterung. Ihre Musik ist gelebte Überzeugung – laut, ehrlich, kompromisslos. Carpe Diem ist nicht nur ein Albumtitel. Es ist das Motto dieser Band. Sie packen jeden Tag beim Schopf, als wäre es ihr erster auf der Bühne – und ihr letzter zugleich.

Der Sound von Saxon ist kraftvoll und unverkennbar: donnernde Riffs, treibende Rhythmen und darüber die markante Stimme von Biff Byford – rau, klagend, unerschütterlich. Seit den frühen Tagen der NWoBHM ist es dieser Sound, der die Band zu einer festen Größe im Metal gemacht hat. Zwar experimentierten Saxon im Laufe der Jahre mit verschiedenen Stilen – mal melodischer, mal epischer, mal aggressiver – doch sie sind stets dem Heavy Metal treu geblieben. Wie ein Anker im Sturm hat ihre Musik Generationen von Fans Halt gegeben. Saxon schaffen das Kunststück, Härte mit Melodie zu verbinden. Ihre Songs sind Hymnen für Headbanger und Offenbarungen für jene, die in der Musik mehr suchen als bloße Lautstärke. Sie sind der Beweis dafür, dass Tradition und Weiterentwicklung keine Gegensätze sein müssen.

Saxon ist längst mehr als nur eine Band – sie ist ein Symbol. Für Beständigkeit in einer rastlosen Musikwelt. Für Leidenschaft, die nicht erlischt. Für die rohe, ehrliche Kraft des Heavy

Metal. Sie haben nie dem Zeitgeist nachgegeben, sondern ihren eigenen geschmiedet – mit Schweiß, Herz und donnerndem Sound. Generation um Generation hat zu ihrer Musik gebangt, geträumt, gelebt. Ihre Songs sind nicht bloß Töne – sie sind Geschichten aus Stahl, eingraviert in das kollektive Gedächtnis der Metalwelt. Und auch in Zukunft wird der Name Saxon wie ein Schlachtruf durch die Hallen hallen. Solange es Verstärker gibt, die krachen, und Hälse, die sich recken – wird es Saxon geben.

Tygers of Pan Tang

Die Tygers of Pan Tang zählen zu den eigenwilligsten Erscheinungen der New Wave of British Heavy Metal. 1978 im nordenglischen Küstenort Whitley Bay gegründet, machten sie sich schnell einen Namen als wilde, unberechenbare Kraft in einer Bewegung, die ohnehin schon für Aufbruch, Rebellion und musikalische Rohheit stand. Ihre Geschichte ist eine wuchtige Mischung aus Triumphen, Rückschlägen, ständigen Besetzungswechseln – und dem Mut, musikalisch neue Wege zu gehen, ohne die eigenen Wurzeln je ganz zu verleugnen.

Gegründet wurde die Band von Sänger Jess Cox, Gitarrist Robb Weir, Bassist Richard „Rocky" Laws und Schlagzeuger Brian Dick – ein Quartett, das wie aus einem Guss wirkte: roh, hungrig und bereit, die Welt zu erobern. Ihr Debütalbum Wild Cat, veröffentlicht 1980, schlug ein wie ein Raubtier auf Beutezug: ungestüm, ungeschliffen und voller Energie. Es kletterte bis auf Platz 18 der britischen Albumcharts und wurde zum Statement einer Band, die den Geist der Straße ebenso atmete wie den Donner des aufkeimenden Heavy Metal.

Mit ihrem wilden, ungehobelten Sound und Jess Cox' rauer, ungestümer Bühnenpräsenz erspielten sich die Tygers rasch den Status eines Publikumslieblings – echt, laut, unverfälscht. Doch die Band stand vor einer musikalischen Metamorphose. Kurz nach dem Erfolg von Wild Cat stieß der junge Gitarrenhexer John Sykes zur Truppe. Mit seinem präzisen, virtuosen Spiel und seinem Gespür für ausgefeilte Melodien verlieh er dem Bandsound eine neue Tiefe – eine explosive Mischung, bei der roher Instinkt auf technisches Genie traf.

1981 brach eine neue Ära für die Tygers an: Jess Cox verließ die Band – musikalische Differenzen, wie es so oft heißt, doch der Bruch war tief. Mit Jon Deverill kam ein neuer Frontmann, der Stimme und Stil veränderte. Noch im selben Jahr erschien Spellbound, gefolgt von Crazy Nights (1982) – zwei Alben, die nicht nur die Charts stürmten, sondern auch den Wandel der Band manifestierten. Doch auch Gitarrenvirtuose John Sykes war längst auf dem Sprung: 1982 wechselte er zu Thin Lizzy, eine Zäsur. Fred Purser übernahm seine Position – und The Cage wurde geboren: polierter, zugänglicher, radiotauglicher. Mit dem Hit Love Potion #9 landeten die Tygers ihren größten kommerziellen Erfolg. Doch was wie ein Triumph klang, war auch der Beginn einer inneren Zerreißprobe.

Mit The Cage verließen die Tygers of Pan Tang endgültig das Revier des rauen, ungeschliffenen Metal, das sie einst zur Speerspitze der NWoBHM gemacht hatte. Der Sound wurde weicher, zugänglicher – auf Massentauglichkeit getrimmt. Was als Sprung in die breite Öffentlichkeit gedacht war, wurde von vielen Fans als Verrat empfunden. Der Vorwurf des Ausverkaufs klebte wie ein Schatten an der Band und ließ sich nicht mehr abschütteln. Ende 1983, nur ein Jahr nach ihrem größten Chart-erfolg, brach die Band unter dem Druck von Management-Strei-tigkeiten und Label-Konflikten auseinander. Der Vorhang fiel – vorerst. 1984 erschien noch ein Best-of-Album, fast wie ein Nachruf auf eine Band, die so viel versprochen und so vieles verloren hatte.

Nach dem Fall suchten die Tygers ihren Weg zurück ans Licht – doch der Pfad war steinig und von Unsicherheiten gesäumt. Robb Weir und Brian Dick versuchten sich 1983/84 mit neuen Mitstreitern unter dem vertrauten Namen Tygers of Pan Tang, während 1985 eine weitere Inkarnation der Band unter der Füh-rung von Jon Deverill und Brian Dick entstand. Doch keine die-ser Formationen vermochte den alten Zauber zurückzubringen.

Auch der Versuch von Jess Cox und Robb Weir, 1986 unter dem Namen Tyger Tyger neu anzufangen, blieb nur ein kurzer Flügelschlag im Sturm. Es schien, als hätten die Tygers ihr Revier verloren – oder als würde es sie nicht mehr erkennen.

Erst 1999 regte sich wieder Leben im Revier der Tygers: Jess Cox erhielt ein Angebot für einen Auftritt beim legendären Wacken Open Air. Unterstützt von Musikern der Band Blitzkrieg spielte er ein Set, das die alten Klassiker der Gründungszeit zum Klingen brachte – rau, roh, mit jener Urgewalt, die einst die NWoBHM befeuert hatte. Dieser Auftritt war mehr als Nostalgie – er war Initialzündung. Robb Weir, das einzige beständige Herz der Tygers, erkannte das lodernde Feuer in den Augen des Publikums und beschloss, den Tygers neues Leben einzuhauchen. 2001 formierte er eine neue Besetzung – und mit ihr begann ein neues Kapitel, das bis heute andauert.

Seit ihrer Wiedergeburt haben die Tygers of Pan Tang nicht nur überlebt, sondern sich neu erfunden – ohne ihre Wurzeln zu verleugnen. Mit Alben wie Ambush (2012), Tygers of Pan Tang (2016) und Bloodlines (2023) beweisen sie eindrucksvoll, dass ihre Krallen noch immer scharf geschliffen sind. Angeführt vom unermüdlichen Robb Weir und getragen von der kraftvollen Stimme des charismatischen Jacopo Meille, dem präzisen Bassspiel von Gavin Gray und dem virtuosen Gitarrenhandwerk Micky Crystals, steht die Band heute stabiler denn je. Sie sind durch Stürme gegangen, haben sich neu formiert, neu erfunden – und doch nie den inneren Kern verloren: Die wilde, unbeugsame Seele des britischen Heavy Metal. Die Tygers of Pan Tang sind nicht nur eine Band – sie sind ein Versprechen an die Zukunft der NWoBHM.

Der Sound der Tygers of Pan Tang lebt von der unverkennbaren Handschrift Robb Weirs – markante Gitarrenriffs, die zwischen roher Energie und melodischer Finesse pendeln. Dazu gesellen sich kraftvolle Grooves, treibende Drums und ein Gespür für Refrains, die im Ohr bleiben. Im Laufe ihrer Karriere haben die Tygers verschiedenste stilistische Pfade beschritten – vom ungeschliffenen Biss der Frühwerke bis zu den ausgefeilteren Klangbildern der späten Alben. Doch bei aller Wandlungsfähigkeit blieb ihre Musik stets fest im Hard Rock und klassischen Heavy Metal verwurzelt. Es ist genau diese Balance aus Härte und Eingängigkeit, aus Wildheit und Struktur, die ihre Musik für Headbanger wie für Melodic-Metal-Fans gleichermaßen unwiderstehlich macht.

Die Tygers of Pan Tang stehen für den unbeugsamen Geist der New Wave of British Heavy Metal – kompromisslos, wandelbar und voller Leidenschaft. Ihre Musik ist kein Relikt vergangener Zeiten, sondern ein lebendiges Zeugnis für kreative Entschlossenheit und künstlerische Ausdauer. In einer Szene, in der viele gekommen und gegangen sind, haben sie sich immer wieder neu erfunden – ohne ihre Wurzeln zu verleugnen. Ihr Vermächtnis lebt nicht nur in den Songs, sondern auch im Funken, den sie bis heute auf jeder Bühne entzünden. Sie sind der Beweis dafür, dass echte Energie niemals vergeht – sie lodert weiter, so lange der Verstärker brummt und ein Riff die Luft zerschneidet.

Venom

Mit infernalischem Lärm, martialischem Auftreten und einem Image, das sämtliche Konventionen sprengte, ebneten Venom als Urväter des Extrem-Metal den Weg für ein ganzes Subgenre. Ihr Einfluss hallt bis heute in den Tiefen von Black, Thrash und Death Metal nach – roh, ungezähmt und kompromisslos.

1979, im rauen Nordosten Englands: Bei einem Judas-Priest-Konzert in Newcastle begegnen sich Gitarrist Mantas und Schlagzeuger Abaddon – und gründen kurz darauf Venom. Zunächst als Quartett gestartet, formiert sich hier eine Band, die alles andere als gewöhnlich sein wird. Schon bald zeigt sich: Diese Formation ist gekommen, um die Grundfesten des Metal zu erschüttern.

Die Frühzeit von Venom ist von ständigen Wechseln geprägt – bis ein Mann auftaucht, der alles verändert: Cronos. Mit bürgerlichem Namen Conrad Lant, übernimmt er Bass und Gesang – und prägt fortan das diabolische Herz der Band. Mit seiner kehlig-rohen Stimme und seinem düsteren Charisma wird die erste klassische Venom-Besetzung geboren – und mit ihr ein neues Kapitel in der Geschichte des Metal.

Während andere Bands der NWoBHM nach Perfektion und technischer Finesse strebten, wählten Venom einen anderen Weg. Sie orientierten sich nicht an ihren Zeitgenossen, sondern an den düsteren Riffs von Black Sabbath, der Energie von Deep Purple, dem Theatralischen von Kiss – und vor allem am rohen, rebellischen Geist des Punk. Aus dieser Mixtur entstand ein Sound, der klang, als wäre er aus der Hölle selbst emporgestiegen: ungeschliffen, wütend, provokant. Und über allem thronte ein Markenzeichen, das bald für Aufsehen sorgen sollte – ihre kompromisslose, satanisch aufgeladene Ästhetik.

1981 erschütterten Venom mit ihrem Debütalbum „Welcome to Hell" die Metalwelt. Es war roh, chaotisch, gefährlich – eine Mischung aus musikalischer Unbändigkeit und antichristlicher Provokation, die in der damaligen Szene ihresgleichen suchte. Wo andere mit Posen spielten, schlugen Venom mit voller Absicht gegen den guten Geschmack. Ein Jahr später folgte der Meilenstein: „Black Metal". Nicht nur ein Albumtitel, sondern die Geburtsstunde eines Genres. Mit diesem Werk gaben Venom einer aufkeimenden Bewegung ihren Namen – und einen Sound, der unzählige Bands beeinflussen sollte. 1984 wagte die Band mit „At War with Satan" den großen Sprung: Ein epischer, düsterer Longtrack eröffnete das Album, das als ihr ambitioniertestes gilt. Hier verbanden sich Chaos und Konzept, Aggression und Atmosphäre – ein kreativer Höhepunkt in der frühen Geschichte des Extrem-Metal.

In den 1980er Jahren machten sich Venom auf, Europa und darüber hinaus mit ihrer entfesselten Bühnenenergie zu überrollen. Ihre Konzerte waren keine bloßen Auftritte – sie waren schwarzmagische Exzesse aus Rauch, Lärm und Chaos. Was für die einen ein Offenbarungseid des schlechten Geschmacks war, wurde für andere zur Erweckung. Venom polarisierte wie kaum eine andere Band ihrer Zeit. Für ihre Anhänger waren sie die wahren Pioniere des Extrem-Metal – kompromisslos, ungezähmt und ehrlich in ihrer dunklen Vision. Für ihre Kritiker dagegen blieben sie primitive Lärmmaschinen mit gefährlichem Image. Doch genau in dieser Reibung lag ihre Kraft: Venom rieben sich nicht an Trends – sie entzündeten ein eigenes Feuer, das bis heute nachglüht.

Ende der 1980er Jahre verließ Mantas die Band – ein Einschnitt, der den Zerfall der klassischen Venom-Formel einleitete. Es folgten Jahre der Unsicherheit, in denen sich

Besetzungen wechselten wie das Bühnenlicht auf ihren Konzerten. Die Alben dieser Zeit wirkten suchend, manches verloren – der rauchgeschwärzte Glanz der Anfangsjahre blieb unerreicht. Doch 1995 loderte die Flamme noch einmal auf: Die Urbesetzung – Cronos, Mantas und Abaddon – fand sich für eine Wiedervereinigung zusammen. Auftritte bei Festivals wie dem Dynamo Open Air erinnerten die Welt daran, wer einst den ersten Kreis der metallischen Hölle gezogen hatte. Neue Alben und Tourneen folgten, doch die dämonische Anziehungskraft vergangener Tage blieb unerreichbar. Venom existierte weiter – ungebrochen im Willen, aber gezeichnet vom Wandel der Zeit.

Auch im 21. Jahrhundert sind Venom noch immer eine ungebändigte Kraft. Sie veröffentlichen regelmäßig neue Alben, touren durch die Welt und hinterlassen dabei jene unheilige Spur, die sie einst berühmt machte. Als Legende des Extrem-Metal haben Venom eine ganze Generation geprägt. Ihr Einfluss reicht weit über ihre eigenen Songs hinaus – er lebt weiter in den Riffs von Slayer, dem Grollen von Bathory, der Raserei von Mayhem. Speed Metal, Thrash Metal, Death Metal, Black Metal – all diese Spielarten des Extrem-Metal tragen Spuren von Venoms DNA. Sie waren keine Mitläufer der NWoBHM – sie waren ihr düsteres Gegenbild, der Schatten unter der Fackel, der Funke unter der Asche.

Ihre Musik war roh, aggressiv und von einer Wucht, die sich jeder Einordnung entzog. Statt technischer Finesse boten Venom pure Energie, statt Harmonie: Höllenlärm. Ihre Texte – offen satanistisch, zutiefst provokant – waren nie Selbstzweck, sondern Ausdruck einer Haltung, die alles Heilige infrage stellte. Venom rissen die Tore der Unterwelt im Metal auf – und legten die Grundsteine für eine neue, düsterere Welt. Mit „Black Metal" gaben sie einem ganzen Genre nicht nur den Namen, sondern auch das ideologische Fundament. Sie waren die Grenzstürmer des Heavy Metal – und ihre Spur zieht sich bis heute durch die extreme Musiklandschaft wie eine schwarze Furche voller Feuer und Unheil.

Im Fahrwasser des Erfolgs

Als die New Wave of British Heavy Metal Fahrt aufnahm, entstanden in ihrem Sog viele weitere Bands, die außerhalb Großbritanniens eigene Impulse setzten – vor allem im deutschsprachigen Raum und in den USA.

Gruppen wie Accept, Grave Digger, Running Wild, Helloween oder Manowar übernahmen Elemente der NWoBHM, mischten sie mit eigenen Ideen und entwickelten so ganz neue Spielarten – vom epischen Power Metal bis zum kämpferischen True Metal.

Sie alle profitierten vom Momentum, das die Bewegung ausgelöst hatte, brachten jedoch auch selbst neue Klangfarben und Visionen ein. Dieses Kapitel beleuchtet die Bands, die sich im Fahrwasser der NWoBHM bewegten, aber ihre ganz eigenen Wellen schlugen.

Accept

Sie kamen aus Solingen – und schrieben Metalgeschichte. Accept sind nicht nur Wegbereiter des deutschen Heavy Metal, sie sind sein international bekanntestes Aushängeschild. Mit donnernden Riffs, Udo Dirkschneiders markanter Stimme und einer kompromisslosen Attitüde haben sie Generationen geprägt und den Weg für die deutsche Metal-Szene ins weltweite Rampenlicht geebnet. Ihr Sound – eine Mischung aus Härte, Melodie und Unbeugsamkeit – wurde zum Synonym für den Teutonenstahl.

Was 1968 als namenloses Aufbegehren in Solingen begann, wurde zur mächtigsten Stimme des deutschen Heavy Metal. Udo Dirkschneider gründete zunächst die Band X, doch erst mit der Umbenennung in Accept – inspiriert von einem Album der britischen Band Chicken Shack – nahm die Vision Form an. In den frühen Jahren wechselten die Mitglieder häufig, bis sich 1976 eine Besetzung manifestierte, die Geschichte schreiben sollte: Udo am Mikrofon, Wolf Hoffmann an der Gitarre, Peter Baltes am Bass und Stefan Kaufmann am Schlagzeug – vier Musiker mit Feuer im Blut und einem Ziel vor Augen: den Sound der Zukunft zu erschaffen.

Der erste große Schlag auf den Amboss kam 1979 – mit dem selbstbetitelten Debütalbum. Accept präsentierten sich darauf als kraftvolle Hardrock-Band mit melodischem Gespür, angeführt von Udo Dirkschneiders unverwechselbarem Organ und Wolf Hoffmanns pointiertem Gitarrenspiel. Die Resonanz blieb verhalten, die Verkäufe überschaubar. Doch die Band zeigte sich unbeeindruckt – und meldete sich 1980 mit „I'm a Rebel" zurück. Der Titelsong, ursprünglich für AC/DC geschrieben, brachte Accept erste Achtungserfolge und lief vor allem live wie ein Dampfhammer durch die Hallen Europas.

1981 legten Accept mit „Breaker" ihr erstes echtes Statement ab. Das Album war deutlich kantiger, kompromissloser und näher an der brodelnden Energie der britischen NWoBHM als noch die Vorgänger. Die Produktion klang druckvoller, das Gitarrenspiel messerscharf – und über allem thronte Udo Dirkschneiders sirenenhafte Stimme, die nun endgültig zum Markenzeichen der Band wurde. „Breaker" bedeutete den internationalen Durchbruch. Accept hatten ihren Sound gefunden: roh, direkt – und unverkennbar.

Mit dem 1982 erschienenen Album „Restless and Wild" stiegen Accept endgültig zur Speerspitze des deutschen Heavy Metal auf. Der Opener „Fast as a Shark" gilt bis heute als einer der ersten echten Speed-Metal-Songs – eine rasende Hymne, die mit einem folkloristischen Intro beginnt, nur um dann wie ein Donnerschlag loszubrechen. Accept definierten damit eine neue Härte und lieferten ein Album ab, das gleichermaßen kompromisslos wie wegweisend war. Zwei Jahre später folgte mit „Balls to the Wall" der große Durchbruch. Die Band polierte ihren Sound, ohne ihn zu glätten, und verpackte sozialkritische Themen in gewaltige Riffs und kraftvolle Hymnen. Songs wie „London Leather Boys" und „Love Child" brachten provokante Inhalte in den Mainstream – und wurden zu Statements in Leder und Stahl.

In den 1980er Jahren sind Accept auf dem Zenit ihres Erfolgs – sie touren unermüdlich um den Globus und bringen ihren druckvollen Sound auf die größten Festivalbühnen der Welt. Höhepunkt: der Auftritt beim legendären Monsters of Rock in Castle Donington – ein Meilenstein für jede Metal-Band jener Ära. Accepts Konzerte sind mehr als bloße Auftritte: Sie sind martialische Inszenierungen, brachiale Klanggewalten, gepaart mit theatralischem Pathos und unerschütterlicher Energie. Doch der Erfolg hat seinen Preis. Die Band polarisiert: Während ihre Fans sie als kompromisslose Vorreiter des deutschen Heavy Metal feiern, stoßen manche Medien und Kritiker sich am martialischen Image und den oft provokanten Texten. Accept stehen im Sturm – und bleiben unbeirrt stehen.

Ende der 1980er Jahre verlässt Udo Dirkschneider die Band – oder besser gesagt: er muss gehen. Accept wollten sich neu aufstellen, moderner klingen, Amerika erobern. Ein frischer Sänger sollte neue Impulse bringen und den Sprung über den Atlantik erleichtern. Doch was folgte, war ein klassisches Lehrstück in musikalischer Ironie: Während Accept mit David Reece und dem Album Eat the Heat kaum Anklang fanden und sich 1989 auflösten, gründete Udo kurzerhand seine eigene Band – schlicht U.D.O. genannt. Und mit dem Album Animal House, dessen Material ursprünglich für Accept vorgesehen war, erzielte er aus dem Stand einen größeren Erfolg als seine ehemalige Band. Es war, als hätte der Metal selbst entschieden, wem diese Songs gehören. Der Metal sagte: Udo.

1993 kommt es zur Wiedervereinigung von Accept, und zunächst scheint alles wie früher: harte Riffs, donnernde Drums und eine Band, die sich ihren Platz auf der Bühne zurückerobert. Mit Alben wie Objection Overruled (1993), Death Row (1994) und Predator (1996) zeigt sich die Band kreativ, bissig und kompromisslos. Besonders Objection Overruled wird von Fans als Rückkehr zur alten Stärke gefeiert. Doch hinter den Kulissen rumort es. Kreative Differenzen und persönliche Spannungen machen ein dauerhaftes Miteinander unmöglich – 1997 folgt die erneute Auflösung. Ein weiteres Kapitel Accept endet – wieder mit einem lauten Knall, nicht mit einem Fadeout.

2005 findet sich Accept für einige ausgewählte Festivalauftritte zusammen – ein nostalgisches Wiedersehen, das Fans weltweit in Euphorie versetzt. Doch es bleibt zunächst bei einem kurzen Aufflackern. Erst 2009 gelingt der große Neustart, diesmal mit dem amerikanischen Sänger Mark Tornillo (ex-TT Quick) am Mikrofon. Mit ihm als neuem Frontmann findet Accept überraschend nicht nur zur alten Stärke zurück, sondern geht klanglich sogar einen Schritt weiter: Das 2010 veröffentlichte Comeback-Album Blood of the Nations wird von Kritik und Fans gleichermaßen gefeiert – ein Meisterwerk des modernen Heavy Metal, kompromisslos, kraftvoll, international konkurrenzfähig. Accept sind zurück – härter, fokussierter und mit einer neuen Stimme, die sich wie ein glühender Bolzen ins Metallherz der Szene bohrt.

Accept touren bis heute unermüdlich um den Globus und veröffentlichen weiterhin regelmäßig neue Alben, die sowohl Fans der ersten Stunde als auch neue Generationen begeistern. Mit ihrer kompromisslosen Attitüde, messerscharfen Riffs und Udo Dirkschneiders ikonischer Stimme – später würdig weitergetragen von Mark Tornillo – haben Accept ihren Platz in der Metal-Hall-of-Fame fest zementiert. Sie zählen zu den prägendsten Kräften des europäischen Heavy Metal und gelten als Wegbereiter für Stilrichtungen wie Speed Metal und True Metal. Ihr Einfluss reicht von Metallica bis HammerFall, von Helloween bis Primal Fear.

Ihre Musik war hart und hymnisch, voller Energie und ohne Kompromisse. Melodische Twin-Gitarren, messerscharfe Riffs und diese einzigartige, raue Stimme – das ist Accept. In ihren Texten scheuten sie sich nicht vor sozialkritischen Themen, Rebellion und Provokation, und doch klang es nie aufgesetzt, sondern aus tiefster Überzeugung. Accept haben die Grenzen des klassischen Heavy Metal gesprengt und neue Wege für spätere Subgenres wie Speed, Power und True Metal bereitet. Sie sind ein Symbol für Eigenständigkeit, Konsequenz und den unbeugsamen Geist des Metal – und ihr Vermächtnis wird auch in Zukunft Generationen von Musikern inspirieren.

Accept stehen wie ein Amboss in der Brandung – unbeirrbar, laut, kraftvoll. Sie haben dem deutschen Metal ein Gesicht gegeben und ihm eine Stimme verliehen, die man nicht vergisst. Ihre Riffs sind Kanonenschläge, ihre Bühnenpräsenz eine Machtdemonstration. Ob in kleinen Clubs oder auf großen Festivals – Accept verkörpern das, wofür Heavy Metal steht: Echtheit, Entschlossenheit und die Lust, mit erhobener Faust gegen den Strom zu schwimmen. Ihr Vermächtnis ist nicht nur in Plattenrillen eingeschrieben, sondern in den Herzen derer, die Metal leben – gestern, heute und morgen.

Grave Digger

Ende 1980 erhebt sich im nordrhein-westfälischen Gladbeck eine neue Stimme aus der Tiefe des Ruhrpotts: Grave Digger. Gegründet von Sänger Chris Boltendahl, Gitarrist Peter Masson, Bassist Willi Lackmann und Schlagzeuger Phillip Seibel, beginnt die Band als rohe, ungeschliffene Formation mit klarem Ziel: ehrlicher, harter Heavy Metal. Erste Auftritte auf kleinen Festivals machen die Szene neugierig, und 1983 setzen sie ein erstes Ausrufezeichen mit zwei Songs auf der legendären Underground-Kompilation Rock from Hell. Ein Auftakt, der bereits den markanten, ungestümen Sound der Band erahnen lässt – und den Grundstein für eine lange Karriere legt.

Durchbruch, Turbulenzen und ein Name mit Gewicht: 1984 legen Grave Digger mit Heavy Metal Breakdown ihr erstes vollständiges Album vor – ein ungeschliffenes, ehrliches Manifest des klassischen Heavy Metal. Die Fachpresse reagiert positiv, die Fans lieben den kompromisslosen Sound, der durch Chris Boltendahls raues Organ und wuchtige Riffs unverwechselbar wird. Nur ein Jahr später folgt Witch Hunter, mit dem die Band ihre Stellung in der deutschen Metal-Szene festigt. Festivalauftritte und Tourneen, unter anderem mit Szenegrößen wie Helloween und Celtic Frost, machen Grave Digger auch über die Landesgrenzen hinaus bekannt.

Doch der Weg verläuft nicht ohne Brüche. 1986 erscheint War Games, das stilistisch erste Veränderungen andeutet – und kurz darauf verlässt Gitarrist Peter Masson die Band. Die Namensänderung in Digger ist symptomatisch für eine Phase der Neuorientierung. Mit Uwe Lulis an der Gitarre erscheint Stronger than Ever, ein Album, das sich deutlich vom klassischen Grave-Digger-Sound entfernt. Der Versuch, sich kommerzieller auszurichten, stößt bei der Fanbasis auf wenig Gegenliebe – ein Experiment mit hohem Preis.

Wiederauferstehung und Aufstieg zum Kult: 1991 schlagen Grave Digger ein neues Kapitel auf – oder besser gesagt: Sie öffnen das Tor zur Vergangenheit und finden dort ihre Zukunft. Mit Tomi Göttlich am Bass und Peter Breitenbach am Schlagzeug kehrt Chris Boltendahl zu den rauen Wurzeln zurück. Die EP Ride On – For Promotion Only läutet das Comeback ein, doch es ist das Album The Reaper, das die Rückkehr auf die große Bühne markiert – düster, schnell, kompromisslos. Grave Digger sind wieder da, als wäre nichts gewesen.

Mit Symphony of Death (1994) und Heart of Darkness (1995) festigt die Band ihren Ruf als Gallionsfigur des deutschen Heavy Metal – unbeeindruckt vom Zeitgeist, unbeugsam im Sound. Doch was dann folgt, hebt Grave Digger in den Legendenstatus: Tunes of War (1996) eröffnet eine Konzepttrilogie, die den Metal mit historischem Epos verbindet. Die schottische Geschichte wird zum Schlachtfeld aus Riffs und Pathos. Es folgen Knights of the Cross (1998), ein Donnerhall über den Templerorden, und schließlich Excalibur (1999), eine majestätische Huldigung der Artus-Sage. Die Trilogie vereint musikalische Wucht mit erzählerischer Tiefe – und macht Grave Digger endgültig unsterblich in den Herzen ihrer Fans.

Neuanfang und Sturmfahrt ins neue Jahrtausend: Doch Grave Digger lassen sich weder von Abschieden noch von Rückschlägen aufhalten. Mit Manni Schmidt (ehemals Rage) an der Gitarre findet die Band einen kongenialen Mitstreiter, der Boltendahls Vision teilt – brachial, melodisch, kompromisslos. The Grave Digger (2001) schlägt wie ein finsteres Manifest in die Szene ein, düsterer als zuvor, mit morbider Bildsprache und donnerndem Sound. Es folgen Rheingold (2003), ein opulentes

Werk inspiriert von Wagners Nibelungen, und The Last Supper (2005), das sich thematisch der letzten Woche im Leben Jesu widmet – provokant, theatralisch, ganz Grave Digger.

2010 krönen sie ihre 30-jährige Karriere mit einem triumphalen Auftritt auf dem Wacken Open Air – einem Heimspiel vor einer Horde schwarzgekleideter Gläubiger. Doch wie so oft im Lager der Totengräber bleibt kaum ein Stein auf dem anderen: Besetzungswechsel begleiten den weiteren Weg, Line-ups kommen und gehen – doch Boltendahl bleibt der Wächter des Feuers. Mit unverbrüchlicher Treue führt er die Band durch ein weiteres Jahrzehnt voller Alben und Tourneen.

2018 vollzieht sich ein weiterer Einschnitt: Langzeit-Drummer Stefan Arnold steigt aus, und Marcus Kniep – bisher an den Tasten aktiv – wechselt ans Schlagzeug. Es ist ein Zeichen für die Flexibilität der Band, für ihre Fähigkeit, interne Herausforderungen kreativ zu meistern. 2023 stößt Tobias Kersting zur Gruppe und komplettiert die aktuelle Formation mit frischer Energie und klarem Ton.

Auch nach über vier Dekaden lässt Grave Digger keinen Zweifel an ihrer Beständigkeit. Sie veröffentlichen weiter regelmäßig neue Alben, bleiben tourfreudig und präsent auf den großen Bühnen Europas. Was einst in Gladbeck begann, ist heute ein weltweit anerkanntes Kapitel deutscher Metalgeschichte. Ihre Konzerte sind laut, ehrlich, erdig – und sie beweisen: Der Totengräber gräbt nicht nach Vergangenheit, sondern stampft unaufhaltsam durch die Gegenwart.

Erdiger Stahl und episches Pathos: Der Klang von Grave Digger ist mehr als nur ein Sound – er ist ein Bekenntnis. Geprägt von Chris Boltendahls rauer, unverkennbarer Stimme, getrieben von donnernden Riffs und einer Rhythmussektion, die wie ein Schmiedehammer niedergeht, hat die Band ihren ganz eigenen

Platz im Pantheon des Heavy Metal gefunden. Zwischen traditionellem Metal und hymnischem Power Metal oszillierend, treffen sie den Nerv sowohl der kompromisslosen Headbanger als auch jener, die in der Musik Geschichten, Legenden und Mythen suchen. Auch wenn sich ihr Stil über die Jahre weiterentwickelte, blieben Grave Digger sich und ihrem rauen, ehrlichen Ton stets treu. Mal grimmig, mal melodisch, immer mit Leidenschaft – so klingen die Totengräber von Gladbeck. Und so werden sie wohl auch in den kommenden Jahren weiterhin Geschichte schreiben: laut, unbeirrbar, echt.

Helloween

Ende der 1970er Jahre brodelte es in Hamburgs Underground-Szene. In einer der Proberäume trafen sich Kai Hansen und Piet Sielck, beide an der Gitarre, um gemeinsam mit Bassist Markus Grosskopf und Schlagzeuger Ingo Schwichtenberg musikalisch durchzustarten. Zunächst nannte sich die junge Formation Gentry, später Ironfist – ein Name, der bereits erahnen ließ, dass hier keine Balladen geplant waren, sondern Speed und Energie das Programm bestimmen sollten.

Als Piet Sielck die Band verließ, rückte ein neuer Gitarrist ins Bild: Michael Weikath, zuvor bei Powerfool aktiv. Mit ihm gewann die Band nicht nur einen kreativen Kopf, sondern fand auch endlich ihren endgültigen Namen. Aus Ironfist wurde Helloween – ein Wortspiel aus „Halloween" und „Hell", das sowohl den humorvollen Geist als auch die düstere Energie der Band auf den Punkt brachte. Der Grundstein für eine der größten Erfolgsgeschichten des deutschen Metal war gelegt.

1984 machen Helloween mit zwei Songs auf dem Sampler Death Metal erstmals auf sich aufmerksam. Die ungeschliffene Wucht ihrer Musik überzeugt, und kurze Zeit später nimmt Noise Records die Band unter Vertrag. 1985 folgen eine selbstbetitelte Mini-LP sowie das erste vollständige Album Walls of Jericho, das mit Tracks wie „Ride the Sky", „Guardians" und „How Many Tears" die Szene aufhorchen lässt. Der Sound ist roh, schnell, kompromisslos – und wird rasch zu einem Markenzeichen der Band.

Doch der Spagat zwischen Gesang und Gitarrenspiel fordert Kai Hansen zunehmend. Während der anschließenden Tour erkennt er, dass er beides nicht länger gleichzeitig stemmen kann. Die Lösung heißt Michael Kiske – ein junger Sänger mit beeindruckender Stimme, der 1986 zur Band stößt. Mit ihm gelingt 1987 der internationale Durchbruch: Keeper of the Seven Keys Part 1 wird nicht nur ein Meilenstein des Power Metal, sondern eines der meistverkauften Metal-Alben Deutschlands.

1988 erscheint Keeper of the Seven Keys Part 2 – das Album wird zum Triumphzug. Mit Songs wie „I Want Out" und „Dr. Stein", der es in die Top Ten schafft, verankern sich Helloween endgültig in der internationalen Metal-Landschaft. Die Band ist auf dem Höhepunkt ihres Erfolgs. Doch der Preis für den Aufstieg ist hoch: Noch im selben Jahr verlässt Kai Hansen die Gruppe und gründet wenig später Gamma Ray – ein Schritt, der viele Fans überrascht, aber bald verständlich wird.

Helloween unterschreibt 1989 bei EMI, doch der angestrebte große Wurf auf dem Major-Label bleibt aus. Ein erbitterter Rechtsstreit mit dem bisherigen Partner Noise Records lähmt die Band. Erst 1991 erscheint das neue Album Pink Bubbles Go Ape – ein musikalisch verspieltes Werk, das bei vielen Fans und Kritikern auf Unverständnis stößt. Die Zeiten des Triumphs scheinen plötzlich weit entfernt.

1993 erscheint Chameleon – ein experimentelles Album, das mit Saxophonen, Balladen und poppigen Elementen viele Fans ratlos zurücklässt. Kritiker sprechen vom Tiefpunkt der Bandgeschichte. Doch das wahre Drama spielt sich hinter den Kulissen ab: Schlagzeuger Ingo Schwichtenberg, ein Gründungsmitglied und treibende Kraft, kämpft mit schweren psychischen Problemen und muss die Band verlassen. Zwei Jahre später, 1995, nimmt er sich das Leben – ein Verlust, der die Metalwelt tief erschüttert. Auch Sänger Michael Kiske steigt aus. Die Zukunft der Band steht auf Messers Schneide.

Doch Helloween geben nicht auf. Mit Andi Deris, dem charismatischen Ex-Sänger von Pink Cream 69, und dem kraftvollen Drummer Uli Kusch gelingt 1994 ein beeindruckender Neuanfang. Master of the Rings wird zum Befreiungsschlag – energiegeladen, melodisch, kraftvoll. Die Kritiker sind begeistert, die Fans erleichtert. In den Folgejahren bauen Helloween mit The Time of the Oath (1996) und Better Than Raw (1998) ihren Ruf als eine der führenden Power-Metal-Bands weiter aus. Auf Tour gehen sie mit niemand Geringerem als Iron Maiden – ein Ritterschlag für die einstige Hamburger Nachwuchsband.

Im neuen Jahrtausend beweisen Helloween einmal mehr ihre Ausdauer. Sie veröffentlichen weiterhin Alben, gehen auf Welttourneen und festigen ihren Ruf als unermüdliche Kraft des Power Metal. Doch es bleibt nicht ohne Erschütterungen: 2001 verlassen Schlagzeuger Uli Kusch und Gitarrist Roland Grapow die Band – ein schwerer Einschnitt. Doch Helloween schaffen es erneut, sich neu zu formieren. Mit dem jungen Gitarristen Sascha Gerstner und dem erfahrenen Schlagzeuger Dani Löble wird eine neue Ära eingeläutet.

2005 erscheint Keeper of the Seven Keys – The Legacy, ein ambitioniertes Doppelalbum, das sich sowohl auf die Wurzeln der Band bezieht als auch neue Wege beschreitet. Gambling with the Devil (2007) folgt mit düsterer Härte und hymnischem Gespür – Helloween zeigen sich wandlungsfähig und zugleich ihrer Linie treu.

Dann, 2017, passiert das Unfassbare: Kai Hansen und Michael Kiske kehren zurück. Was lange als Wunschtraum der Fans galt, wird Realität. Die „Pumpkins United World Tour" mit gleich drei Sängern und drei Gitarristen wird zur Triumphfahrt. Alte Gräben sind überwunden, die Energie ist zurück – größer als je zuvor. Das Experiment einer siebenköpfigen Superformation gelingt. Und nicht nur das: Die Chemie stimmt so gut, dass die Band beschließt, in dieser Besetzung ein neues Kapitel aufzuschlagen.

2021 erscheint das selbstbetitelte Album Helloween – ein kraftvolles Manifest der wiedervereinten Band. Es ist weit mehr als nur eine nostalgische Geste: Die Songs vereinen die Stärken aller Epochen, getragen von der harmonischen Koexistenz der Stimmen von Andi Deris und Michael Kiske, durchdrungen von der unbändigen Spielfreude Kai Hansens und der melodischen Wucht Weikaths und Gerstners. Die Kritiken überschlagen sich, die Fans feiern das Album als würdige Krönung der „Pumpkins United"-Ära. Es ist ein Beweis dafür, dass sich Geschichte nicht nur wiederholen, sondern weiterentwickeln kann – auf höchstem Niveau.

Der Klang von Helloween ist ein leuchtender Stern am Firmament des Power Metal – melodisch, rasant, hymnisch. Eingängige Refrains treffen auf virtuose Gitarrensoli, der Gesang wechselt mühelos zwischen emotionaler Tiefe und stählerner Wucht. Ob mit der markanten Stimme Andi Deris' oder der strahlenden Klarheit Michael Kiskes – Helloween gelingt es, die Energie des Speed Metal mit der Epik großer Melodiebögen zu verbinden. Ihre Musik ist ein Versprechen an all jene, die in der Kraft der Melodie und im Sturm der Gitarren eine Heimat gefunden haben – und bleibt zugleich ein lebendiger Impulsgeber für neue Generationen von Metal-Fans.

Manowar

Die Legende von Manowar beginnt im Jahr 1980, nicht im Glanz eines Studios, sondern im rauen Schatten der Bühne: Auf der Heaven and Hell-Tour von Black Sabbath treffen sich Joey DeMaio, der als Bass-Techniker mit Pyro-Verantwortung unterwegs ist, und Ross „The Boss" Friedman, Gitarrist der Vorgruppe Shakin' Street. Zwischen dröhnenden Verstärkern, flackernden Lichtern und dem Lärm der Backstage-Korridore schmieden sie ein Bündnis – nicht nur für eine Band, sondern für eine Mission: den Metal in seiner reinsten, unbezähmbaren Form zu verteidigen.

1982 erscheint mit „Battle Hymns" das Debütalbum von Manowar – ein Manifest des epischen Metal, rau, stolz und voller Pathos. Die Band etabliert sofort ihren markanten Sound: donnernde Riffs, donnergleicher Bass, hymnische Refrains und martialische Texte über nordische Mythen, unsterbliche Krieger und den ewigen Kampf gegen den „falschen Metal". Songs wie „Manowar", „Dark Avenger" (mit Erzähler Orson Welles!) und der Titeltrack „Battle Hymn" werden zum Auftakt eines neuen, kompromisslosen Kapitels in der Geschichte des Heavy Metal.

Manowar machen sich rasch einen Namen – weniger durch Zurückhaltung als durch pure Lautstärke und eine Bühnenpräsenz, die zwischen heldenhaftem Ernst und überbordendem Pathos schwankt. Ihre Shows sind energiegeladen, muskulös und brachial. Früh schon erklären sie sich selbst zur „lautesten Band der Welt" – ein Titel, den sie nicht nur stolz tragen, sondern auch mit gemessenen Dezibelwerten zu belegen versuchen. Für Manowar gilt: Mehr ist mehr. Und noch ein bisschen mehr ist besser.

In den 1980er Jahren entfesseln Manowar eine Serie von Alben, die sie im kollektiven Gedächtnis der Metal-Welt für immer verankern. Mit „Into Glory Ride" (1983), „Hail to England" (1984) und „Sign of the Hammer" (1984) schmieden sie eine Klangwelt aus epischer Kraft, Donnerhall und heidnischem Pathos. „Fighting the World" (1987) und das ikonische „Kings of Metal" (1988) zementieren ihren Ruf als Krieger des True Metal. Hymnen wie „Battle Hymn", „Hail and Kill" und „Kings of Metal" werden zu Kultgesängen in Leder, Stahl und Schweiß – und zu ewigen Fanfaren für die weltweite Gemeinde der Metal-Gläubigen.

1992 schlagen Manowar mit The Triumph of Steel ein weiteres Kapitel heroischen Größenwahns auf. Das siebte Studioalbum, mit der überlangen Epos-Eröffnung „Achilles, Agony and Ecstasy in Eight Parts", landet in Deutschland auf einem beachtlichen achten Platz der Charts – ein Zeichen dafür, dass ihr Pathos längst zum Exportschlager geworden ist. Doch nicht alles verläuft triumphal: Auf der folgenden Tournee kommt es in Wien zu einem Eklat. Als während des Konzerts Bierbecher auf die Bühne fliegen, brechen Manowar die Show abrupt ab – ein Akt der Konsequenz, der sowohl Loyalität zur eigenen Vision als auch die Unversöhnlichkeit gegenüber Respektlosigkeit dokumentiert.

Auch im neuen Jahrtausend ziehen Manowar weiter unbeirrbar ihre Bahn – mit erhobenem Schwert und donnernden Verstärkern. Mit Warriors of the World (2002) gelingt ihnen ein weiterer Charterfolg, getragen von hymnischen Stücken wie „Warriors of the World United", das längst zur Metal-Hymne einer ganzen Generation avanciert ist. Ihre Live-Shows werden opulenter, monumentaler – eine Mischung aus Theater, Ritual und Sturmangriff.

2008 schreiben sie Geschichte beim Magic Circle Festival in Bad Arolsen, wo sie mit ohrenbetäubenden 139 Dezibel einen Guinness-Weltrekord für das lauteste Konzert der Welt aufstellen. Für Manowar kein bloßer Gag, sondern ein Akt metallischer Dominanz.

Als 2016 die „Final Battle"-Tour angekündigt wird, wittern viele das Ende. Doch Joey DeMaio relativiert: kein Abschied, sondern ein Neuanfang – mit weniger Auftritten, dafür größeren Schlachten. Der Kampf für den „wahren Metal" geht weiter, nur die Rüstung glänzt jetzt noch etwas mehr.

Der Sound von Manowar ist eine Kriegserklärung an das Gewöhnliche – ein heroisches Manifest aus donnernden Riffs, pathetischen Hymnen und kämpferischen Texten über nordische Götter, ewige Bruderschaft und den ewigen Kampf gegen den „falschen Metal". Ihre Musik ist oft orchestriert, mit Elementen klassischer Musik und Folklore durchzogen, als würden Wagner und Conan gemeinsam ein Schlachtfeld vertonen.

Auch nach über vier Jahrzehnten lodert das Feuer ungebrochen. Manowar veröffentlichen weiterhin neue Alben, ziehen mit Schwertern und Verstärkern durch die Welt und beschwören bei jedem Konzert das, was sie „True Metal" nennen. In der Hall of Fame des Heavy Metal haben sie sich nicht einfach eingetragen – sie haben ihren Namen in Runen gemeißelt.

Running Wild

Mit wehenden Fahnen, donnernden Kanonen und einer unerschütterlichen Leidenschaft für Geschichte und Heavy Metal segeln Running Wild seit den frühen 1980ern durch die stürmischen Gewässer der Szene. Als erste Band, die Piratenthemen konsequent mit klassischem Metal verband, schufen sie eine eigene Nische – roh, rebellisch und unverkennbar.

Im Jahr 1976, in den Häfen von Hamburg, legt ein junger Seemann namens Rolf ‚Rock 'n' Rolf' Kasparek den Grundstein für eine der eigenwilligsten Karrieren im Heavy Metal. Seine erste Mannschaft segelte noch unter dem Banner der Granite Hearts – ein Name so stur und unbeugsam wie ihre Musik. Nach einigem Wechsel auf der Brücke formierte sich 1979 jene Besatzung, die fortan als Running Wild die Weltmeere des Metal unsicher machen sollte. Der neue Name war eine Verneigung vor ihren britischen Vorbildern Judas Priest – und zugleich ein Versprechen: auf Geschwindigkeit, Unabhängigkeit und die Freiheit unter schwarzer Flagge.

Im brodelnden Untergrund der frühen 1980er Jahre machten Running Wild mit ersten Demos und Samplerbeiträgen auf sich aufmerksam – ungeschliffen, kompromisslos und voller Feuer. 1984 dann der erste große Kanonenschuss: Das Debütalbum Gates to Purgatory fuhr mit okkulten Texten und einem düsteren, schneidenden Sound auf, der der Band schnell den Ruf einbrachte, dem Satanismus zu huldigen. Doch Rolf Kasparek sah hinter den dunklen Symbolen keine religiöse Botschaft, sondern vielmehr einen Akt der Rebellion – ein Protest gegen die Starrheit gesellschaftlicher Konventionen und ein trotziges Aufbegehren gegen das Establishment.

Mit dem 1987 erschienenen Album Under Jolly Roger schlugen Running Wild einen völlig neuen Kurs ein – und stachen endgültig in See. Die düsteren, okkulten Themen der Anfangszeit wurden über Bord geworfen und durch historische Stoffe ersetzt, allen voran: die Piraterie. Der Titeltrack wurde zur Hymne, der Totenkopf zur Flagge, und die Bühnen verwandelten sich in schwankende Decks voller Pulverdampf und Heldenpathos. Es war mehr als ein Imagewechsel – es war der Beginn einer neuen Ära, die Running Wild endgültig den Durchbruch bescherte.

Zwischen 1988 und 1992 folgte ein Album nach dem anderen wie Wellen auf hoher See – Port Royal, Death or Glory, Blazon Stone und Pile of Skulls vertieften das Piratenthema und verankerten Running Wild endgültig in der internationalen Metal-Szene. Mit historischen Bezügen, detailverliebten Texten und hymnischer Wucht erschufen sie ein eigenes Universum, das weit über martialisches Image hinausging. Die Band wurde zur Institution – gefeiert von Fans in aller Welt, deren Herzen im Takt der Kanonenschläge schlugen.

Ab Mitte der 1990er Jahre beginnt sich Rolf Kaspareks Weltbild zu verändern. Anstelle historischer Piratenabenteuer rücken nun zunehmend Verschwörungstheorien und der ewige Kampf zwischen Gut und Böse ins Zentrum der Texte. Die Alben Masquerade (1995), The Rivalry (1998) und Victory (2000) bilden eine lose Trilogie, die musikalisch an den Erfolgsstil der frühen Neunziger anknüpft, textlich jedoch eine neue, dunklere Richtung einschlägt. Es ist die Zeit, in der Running Wild mythologische Sinnbilder und symbolische Erzählungen miteinander verwebt – ein Kurs, der die Band erneut vom Mainstream entfernt, aber zugleich ihre künstlerische Freiheit unterstreicht.

Im neuen Jahrtausend verwandelt sich Running Wild mehr und mehr in ein Soloprojekt von Rolf Kasparek. Die Alben The Brotherhood (2002) und Rogues en Vogue (2005) entstehen fast vollständig in Eigenregie – komponiert, arrangiert und eingespielt von ‚Rock 'n' Rolf' selbst. Der Kurs bleibt melodisch, doch die Mannschaft ist verschwunden. 2009 setzt Kasparek mit einem epischen Abschiedskonzert auf dem Wacken Open Air ein scheinbares Schlusskapitel – eine letzte Hissung der Segel. Doch wie ein unbesiegbarer Freibeuter kehrt Running Wild 2011 mit dem Comeback-Album Shadowmaker zurück an Deck. Der Totenkopf weht wieder – und mit ihm die alten Hymnen von Freiheit, Stolz und eisernem Willen.

Auch über vier Jahrzehnte nach ihrer Gründung ist die Flagge von Running Wild noch nicht eingeholt. Die Band um Rolf Kasparek bleibt aktiv, veröffentlicht in regelmäßigen Abständen neue Alben und ist – auf und abseits der Bühne – zu einer festen Größe im internationalen Metal-Kanon geworden. Ihre Auftritte, wenn auch seltener geworden, versprühen noch immer den Geist früherer Tage: energiegeladen, ehrwürdig, ungebändigt.

Musikalisch stehen Running Wild für eine Mischung aus Melodie und Sturm. Ihre Lieder verbinden treibende Gitarrenriffs, galoppierende Rhythmen und epische Refrains zu metallischen Hymnen, die von der See, vom Schicksal – und von Freiheit erzählen. Im Laufe der Jahre hat die Band ihren Sound verfeinert, ohne ihn je zu verleugnen: treu dem Heavy Metal, treu dem eigenen Kurs – wie ein Schiff, das nicht vom Kompass abweicht, selbst wenn die Welt sich dreht.

Die Erben der NWoBHM

Die New Wave of British Heavy Metal war mehr als nur eine kurze Stilrichtung – sie war ein Funke, der andere Feuer entzündete.

In den 1980ern griffen Bands aus aller Welt diesen Impuls auf und führten ihn weiter – härter, schneller, kompromissloser. Vor allem in den USA und Deutschland entstanden mit Metallica, Slayer, Kreator und Sodom Gruppen, die den Geist der NWoBHM mit dem Punk verschmolzen und daraus etwas völlig Neues formten: den Thrash Metal.

Sie verstanden sich als Erben – nicht als Imitatoren. Und so entstand eine neue Generation, die dem Metal ein weiteres Gesicht gab: dreckiger, wütender, politischer – aber mit demselben Feuer.

Kreator

Kaum eine andere Band verkörpert den deutschen Thrash Metal so kompromisslos und konsequent wie Kreator. Gegründet 1982 in Essen unter dem Namen Tyrant, entwickelte sich die Gruppe rasch zu einer der Speerspitzen des Genres – nicht nur hierzulande, sondern auch international. Gemeinsam mit Destruction und Sodom bilden sie das legendäre „Teutonen-Dreigestirn", das bis heute die DNA des deutschen Thrash mitprägt. Über zwei Millionen verkaufte Tonträger sprechen eine klare Sprache. Der Bandname – angelehnt an das lateinische creator (Schöpfer) – durchlief ebenso wie ihre Musik eine beachtliche Wandlung: vom puren Chaos zur kontrollierten Wut, vom Krach zur Kunst.

Die Ursprünge von Kreator liegen im Essener Stadtteil Altenessen, Anfang der 1980er Jahre, wo sich drei Jugendliche zusammentaten, um ihrer Leidenschaft für harte, aggressive Musik Ausdruck zu verleihen. Miland „Mille" Petrozza (Gitarre), Jürgen „Ventor" Reil (Schlagzeug) und Rob Fioretti (Bass) gründeten die Band Tormentor – ein Name, der bereits andeutete, wohin die Reise gehen würde. Ihre ersten Demos waren roh, chaotisch und voller Energie – und doch zeichnete sich bereits ab, dass hier etwas Besonderes heranwuchs. Die Musik war schnell, kompromisslos und düster – und uberzeugte schließlich das legendäre Underground-Label Noise Records, das der jungen Band einen Plattenvertrag anbot.

Mit ihrem Debütalbum Endless Pain (1985) machten Kreator unmissverständlich klar, dass sie gekommen waren, um Grenzen zu sprengen. Roher Sound, rasende Tempi und eine ungebremste Wut prägten dieses frühe Manifest. Doch es war das 1986 veröffentlichte Pleasure to Kill, das Kreator in den Olymp des Thrash Metal katapultierte – ein Meilenstein, der bis heute als eines der brutalsten und einflussreichsten Alben des Genres gilt. Die späten 1980er Jahre wurden zur Zeit des unaufhaltsamen Aufstiegs: Terrible Certainty (1987) und Extreme Aggression (1989) führten die Band auf ausgedehnte Tourneen durch Europa und erstmals auch durch die USA. Mit dem Wechsel zum Majorlabel Epic Records wuchs nicht nur die Reichweite, sondern auch der Anspruch. Kreator waren längst nicht mehr nur Underground-Helden – sie wurden zur Institution des internationalen Thrash Metal.

Die 1990er Jahre wurden für Kreator zur Bewährungsprobe. Die Band, die bislang als Inbegriff kompromisslosen Thrash Metals gegolten hatte, wagte den Blick über den Tellerrand – mit allem Risiko. Renewal (1992) läutete eine Phase musikalischer Experimente ein: Industrial-Elemente, düstere Atmosphären und ein entschleunigter, fast maschineller Sound markierten eine radikale Abkehr vom typischen Kreator-Stil. Es folgten Cause for Conflict (1995), Outcast (1997) und schließlich Endorama (1999), das mit beinahe gothicartigen Anleihen polarisierte. Die Reaktionen waren gespalten – manche sprachen von Entfremdung, andere von künstlerischer Reife. Doch eines blieb konstant: Mille Petrozza und seine Mitstreiter blieben kompromisslos sie selbst – unbeugsam in ihrem Anspruch, sich nicht festlegen zu lassen.

Mit Violent Revolution (2001) erhoben sich Kreator wie Phönix aus der Asche – und schlugen ein neues Kapitel in ihrer Bandgeschichte auf. Das Album markierte nicht nur die Rückkehr zum klassischen Thrash-Sound, sondern verband diesen mit einer modernen, druckvollen Produktion und pointierter Gesellschaftskritik. Kreator klangen wieder wie Kreator – und doch frischer, bissiger, globaler denn je. Die folgenden Alben Enemy of God (2005), Hordes of Chaos (2009) und Phantom Antichrist (2012) machten deutlich, dass diese Rückbesinnung kein nostalgisches Strohfeuer war, sondern Ausdruck künstlerischer Souveränität. Kreator hatten ihren Platz in der internationalen Thrash-Elite nicht nur zurückerobert – sie verteidigten ihn mit geballter Faust und geschärftem Verstand.

Kreator sind keine Randnotiz – sie sind ein Manifest. Mit Alben wie Gods of Violence (2017) und Hate über alles (2022) zeigen sie, dass sie auch nach über vier Jahrzehnten kein bisschen leiser, zahmer oder müder geworden sind. Ihre Musik bleibt kompromisslos, ihre Botschaft klar, ihre Energie ungebrochen. Ob in kleinen Clubs oder auf den größten Festivalbühnen der Welt: Kreator feuern ihren Thrash-Metal wie ein entfesselter Sturm in die Menge – und prägen damit die deutsche und internationale Metal-Szene bis heute auf unverkennbare Weise.

Kreators Musik ist ein Gewitter aus rasenden Riffs, donnernden Drums und Mille Petrozzas unverwechselbarer Stimme – wütend, eindringlich, anklagend. Im Laufe ihrer Karriere haben sie ihren Sound stetig weiterentwickelt, ohne je ihre thrashige Identität zu verlieren. Anfangs regierten blutige Horrorfantasien die Texte – schonungslos, provokant, roh. Doch mit der Zeit trat das Grauen der realen Welt in den Vordergrund: Krieg, Ungerechtigkeit, politische Manipulation, Ausgrenzung. Kreator wurden zur Stimme der Unzufriedenen, zur Mahnung, zur Faust gegen das Vergessen.

Kreator sind mehr als musikalische Provokateure – sie sind Chronisten einer zerrissenen Welt. Mit klarer Haltung beziehen sie Stellung gegen Rassismus, Ausgrenzung und Intoleranz, ohne dabei den moralischen Zeigefinger zu erheben. Ihre Songs sind nicht nur Klanggewalten, sondern Manifestationen des Widerstands – laut, unbequem, leidenschaftlich. In einer Zeit, in der viele schweigen, erhebt Kreator die Stimme – und gibt damit unzähligen Menschen den Mut, es ihnen gleichzutun.

Metallica

Alles begann mit einer unscheinbaren Anzeige in der kalifornischen Zeitung „The Recycler". Lars Ulrich, ein aus Dänemark stammender Schlagzeuger, suchte nach Musikern, die seine Begeisterung für britischen Metal wie Diamond Head oder Iron Maiden teilten. James Hetfield, ein junger Gitarrist mit kantiger Stimme und wuchtigem Spiel, meldete sich – und obwohl es zunächst Zweifel an Ulrichs Schlagzeugkünsten gab, war der Grundstein für Metallica gelegt.

Lars Ulrichs Hartnäckigkeit zahlte sich aus: Er überzeugte Brian Slagel, den Gründer von Metal Blade Records, Metallica auf dem legendären Sampler „Metal Massacre" unterzubringen. Die Band – noch ohne festen Namen – nahm mit „Hit the Lights" ihre erste eigene Komposition auf. Für das Gitarrensolo der ersten Pressung sorgte Lloyd Grant, ein kurzer, aber bedeutender Gastauftritt in der Frühgeschichte der Band. Nur wenig später wurde er durch Dave Mustaine ersetzt – ein junger Gitarrist mit wilder Energie, die bald das Klangbild Metallicas prägen sollte.

Der Name Metallica fiel ihm quasi in den Schoß – oder besser gesagt: in ein Gespräch. Als Ulrichs Freund Ron Quintana auf der Suche nach einem Titel für sein Fanzine war, schlug er mehrere Optionen vor, darunter auch das klanggewaltige Metallica. Ulrich war sofort Feuer und Flamme – allerdings nicht für das Heft. Er überredete Quintana, stattdessen Metal Mania zu wählen, und sicherte sich damit still und heimlich einen der markantesten Bandnamen der Rockgeschichte.

m Herbst 1982 verließ Ron McGovney die Band – ein Wechsel, der zum Glücksfall wurde. Denn mit Cliff Burton stieß ein Bassist zur Band, der mehr war als ein Tieftöner: ein musikalisches Ausnahmetalent, dessen klassische Einflüsse und expressives Spiel den Sound von Metallica nachhaltig prägen sollten. Burton stellte eine ungewöhnliche Bedingung: Die Band müsse nach San Francisco ziehen, zu jener Zeit das brodelnde Zentrum einer wachsenden Thrash-Szene. Metallica akzeptierten – und fanden in der rauen Energie der Bay Area den perfekten Nährboden für ihre musikalische Entfesselung.

Das Demo No Life 'Til Leather machte schnell die Runde in der wachsenden Tape-Trading-Szene – ein wilder, ungeschliffener Brocken Thrash Metal, der vom Enthusiasmus junger Idealisten lebte. Eine dieser Kassetten gelangte in die Hände von Jon Zazula, einem ehemaligen Börsenmakler mit einem Herz für Heavy Metal und einem Riecher für neue Energie. Zazula war so überzeugt vom Potenzial der Band, dass er ihnen nicht nur Auftritte an der Ostküste verschaffte, sondern gleich Nägel mit Köpfen machte: Er gründete Megaforce Records – nur um Metallica unter Vertrag zu nehmen. 1983 erschien dort Kill 'Em All, das Debütalbum, das mit seinem kompromisslosen Sound den Thrash Metal auf die Weltkarte setzte.

Nachdem Jon Zazula Metallica unter Vertrag genommen hatte, finanzierte er aus eigener Tasche die Aufnahmen für das erste Album. In den Music America Studios im verschneiten Rochester entstand Kill 'Em All – roh, laut und kompromisslos. Doch die Produktion verlief nicht ohne Reibung. James Hetfield haderte mit seiner Stimme, hielt sich selbst für keinen vollwertigen Frontmann und spielte mit dem Gedanken, einen festen Sänger zu engagieren. Doch schließlich entschied sich die Band, als Quartett weiterzumachen – eine Entscheidung, die Hetfield später mit Selbstvertrauen füllen sollte. Der ursprünglich geplante Albumtitel „Metal Up Your Ass" wurde von den Plattenbossen abgelehnt – und so wurde aus Trotz Kill 'Em All geboren.

Kill 'Em All erschien am 25. Juli 1983 – und war nichts weniger als ein Urknall für den Thrash Metal. Ursprünglich sollte das Album „Metal Up Your Ass" heißen, doch das Cover mit der Toilette und dem Messer wurde vom Label als zu heftig abgelehnt. Aus Protest entschieden sich Metallica für den martialischen Titel Kill 'Em All. Die Songs – angeführt von Hymnen wie „Seek and Destroy" oder „Whiplash" – klangen wie ein Tritt gegen jede Regel des etablierten Metal. Besonders in Großbritannien wurde die Band als Heilsbringer gefeiert, als Stimme einer neuen Generation, die genug hatte von Pomp und Haarspray.

Es folgte die „Kill 'Em All for One"-Tour mit der britischen Band Raven. Doch bald zeigte sich: Metallica waren mehr als ein Support-Act. Ihr roher Sound, ihre unbändige Energie – das sprach den Kids aus der Seele. Während der Tour entstanden neue Songs: langsamer, düsterer, epischer – ein erster Vorgeschmack auf das, was als Nächstes kommen sollte: Ride the Lightning.

1984 erscheint Ride the Lightning, aufgenommen in den Sweet Silence Studios in Kopenhagen – der Stadt, die fortan ein zweites Zuhause der Band werden sollte. Produziert unter anderem von Flemming Rasmussen, markiert das Album einen gewaltigen Sprung nach vorn. Die Songs sind komplexer, dynamischer, in ihrer Struktur fast progressiv. „For Whom the Bell Tolls" erhebt sich mit schwerem Glockenschlag zur Hymne des modernen Metal, während „Creeping Death" – inspiriert vom Auszug der Israeliten aus Ägypten – zeigt, dass Metallica mehr will als Wut und Riffs.

Auch literarische Einflüsse finden ihren Weg in die Texte: „Fade to Black" etwa, ein düsteres Lamento über Selbstmordgedanken, oder das auf Ernest Hemingways Roman basierende „For Whom the Bell Tolls". Mit über 100.000 verkauften

Einheiten und einer silbernen Schallplatte in Großbritannien wächst die internationale Anerkennung rapide. Tourneen durch Europa und die USA zementieren ihren Ruf – Metallica sind jetzt nicht mehr nur Teil der Szene, sie sind dabei, sie neu zu definieren.

Mit dem Jahr 1985 erreicht Metallica eine neue Ebene. Die Band unterzeichnet einen Vertrag bei Elektra Records und holt sich mit Q Prime ein Management an Bord, das bald auch Acts wie Def Leppard und Red Hot Chili Peppers betreuen sollte. Auf dem Monsters of Rock-Festival in Donington stehen sie erstmals auf einer der größten Bühnen Europas – ein unmissverständliches Zeichen: Metallica sind bereit für den nächsten Schritt.

Im Herbst beginnt die Arbeit an Master of Puppets – erneut mit Produzent Flemming Rasmussen im dänischen Sweet Silence Studio. Die Band ist fokussierter denn je, getrieben von der Vision, ein Werk zu erschaffen, das den Thrash Metal für immer definieren würde. Im Hintergrund formt sich langsam ein Mythos: Die Fans sprechen von den „Four Horsemen" – ein Spitzname, inspiriert vom gleichnamigen Song, der bald Kultstatus erreicht.

Im März 1986 veröffentlichen Metallica ihr drittes Studioalbum Master of Puppets – ein Monument des Thrash Metal. Mit Platz 29 der US-Albumcharts markiert es den bis dato größten kommerziellen Erfolg der Band, doch seine wahre Größe liegt in der künstlerischen Reife: komplexe Songstrukturen, thematischer Tiefgang und eine Produktion, die rohe Energie mit technischer Präzision vereint. Für viele Fans und Kritiker ist Master of Puppets bis heute das beste Metal-Album aller Zeiten.

Doch auf dem Höhepunkt des Erfolgs schlägt das Schicksal unerbittlich zu. Während der Europatournee im September 1986 kommt es in der Nähe von Ljungby, Schweden, zu einem schweren Busunglück. Bassist Cliff Burton, der während der Nacht im Bus schlief, wird bei dem Unfall aus dem Fahrzeug geschleudert und stirbt noch am Unfallort. Er wird nur 24 Jahre alt.

Der Verlust trifft die Band ins Mark. Cliff war weit mehr als ein brillanter Musiker – er war ein kreativer Anker, ein unbestechlicher Charakter, der den Sound von Metallica entscheidend geprägt hatte. Sein Tod hinterlässt eine Lücke, die nicht zu füllen scheint – und doch beschließen Hetfield, Ulrich und Hammett, weiterzumachen. In Erinnerung an ihren gefallenen Bruder.

Der Tod von Cliff Burton hinterließ eine Leere, die nicht zu füllen war. Doch nach einer kurzen Phase der Stille entschieden Hetfield, Ulrich und Hammett, dass es in Cliffs Sinne wäre, weiterzumachen. Die Suche nach einem neuen Bassisten begann – ein Prozess, der emotional forderte. Unter den vielen Bewerbern war auch Les Claypool von Primus, der jedoch mit seinem experimentellen Stil als „zu abgefahren" galt. Schließlich fiel die Wahl auf Jason Newsted von Flotsam and Jetsam – technisch versiert, leidenschaftlich und voller Respekt für das Erbe seines Vorgängers.

Newsteds Einstieg war ein Sprung ins kalte Wasser. Nur wenige Wochen nach seinem ersten Auftritt mit Metallica spielte die Band wieder Shows. 1987 veröffentlichten sie die EP The $5.98 E.P. – Garage Days Re-Revisited, ein wilder Tribut an ihre Einflüsse – darunter Diamond Head, Killing Joke und Misfits. Die EP diente nicht nur als musikalische Entladung, sondern auch als erste Nagelprobe für das neue Line-Up.

Ein Jahr später erschien ...And Justice for All – das erste Studioalbum mit Newsted. Komplex, düster und technisch anspruchsvoll, war es ein kommerzieller Erfolg und erreichte Platz

6 der US-Charts. Doch das Album sorgte auch für Diskussionen: Der Bass war kaum hörbar – eine Entscheidung, die von Fans und Kritikern bis heute kontrovers diskutiert wird. Viele sahen darin nicht nur eine klangliche Schwäche, sondern auch ein Symbol für die Schwierigkeiten, die Newsted hatte, sich als gleichwertiges Bandmitglied zu etablieren.

...And Justice for All war Metallicas bis dahin ambitioniertestes Werk – komplex, verkopft, kompromisslos. Doch der Song One öffnete neue Türen. Mit seinem beklemmenden Musikvideo – das Kriegsdrama Johnny Got His Gun als visuelle Grundlage – wurde Metallica plötzlich MTV-tauglich. Der Song erreichte die US-Top-40, das Video lief in Heavy Rotation, und der einstige Underground-Act war auf einmal auch in Wohnzimmern zu sehen. 1990 folgte der Lohn: ein Grammy in der Kategorie „Best Metal Performance".

Im selben Jahr begannen die Aufnahmen zum nächsten Album – diesmal mit Produzentenlegende Bob Rock. Was 1991 als Metallica, bald aber weltweit nur noch als The Black Album bekannt wurde, war eine Zeitenwende. Mit Songs wie Enter Sandman, Sad But True und Nothing Else Matters verabschiedete sich die Band vom rauen Thrash-Sound früherer Jahre – zugunsten eines massentauglichen, hymnischen Heavy Metal. Der Erfolg war gigantisch: Über 30 Millionen verkaufte Exemplare, Stadiontourneen rund um den Globus und ein neues Selbstverständnis als eine der größten Rockbands der Welt.

Doch nicht alle waren begeistert. Während die Charts erobert wurden, riefen manche alte Fans „Sellout!". Metallica war nun eine Weltmarke – mit Hochglanzproduktionen, Mainstream-Appeal und ungekanntem Einfluss. Doch trotz aller Veränderungen blieb eines bestehen: die unbändige Energie auf der Bühne und die Fähigkeit, Hymnen für Generationen zu schreiben.

Das Black Album markierte für Metallica nicht nur einen musikalischen Wandel, sondern auch den Beginn einer neuen Ära. Die Songs waren kompakter, eingängiger, mit hymnischen Refrains und ausgefeilter Produktion. Enter Sandman wurde zur weltweiten Stadionhymne, Nothing Else Matters zur Ballade für Metal-Skeptiker – ein Song, der auf Hochzeiten gespielt wurde, aber dennoch aus der Feder einer Thrash-Band stammte. Für manche war es ein Triumph, für andere ein Tabubruch.

Mit dem gewaltigen Erfolg kamen ausverkaufte Stadien, exzessive Tourneen und eine mediale Präsenz, wie sie Metal-Bands selten zuvor erlebt hatten. Metallica wurden zur globalen Marke – mit abgekürzten Haaren, schwarzer Garderobe und einer visuellen Inszenierung, die an große Rock-Acts wie U2 erinnerte. Der Underground sah darin einen Ausverkauf, doch die Band sah darin Wachstum und Ausdruck.

Zwischen Anerkennung und Ablehnung navigierte Metallica nun durch ein neues Zeitalter. Sie hatten die Spitze des Musik-Olymps erreicht – doch der Preis dafür war der Verlust einer ungeteilten Fanliebe. Ein Kapitel ging zu Ende, und ein neues – konfliktreicheres – begann.

1996 markierte Load eine radikale Neuorientierung für Metallica – musikalisch wie optisch. Der Sound war wärmer, bluesiger, manchmal fast alternative-rockig. Songs wie Until It Sleeps und Mama Said zeigten eine introspektive, verletzliche Seite, die viele so nicht erwartet hatten. Auch das äußere Erscheinungsbild der Band änderte sich dramatisch: statt Jeans und Leder trugen Hetfield & Co. nun Designerklamotten, Eyeliner – und kurze Haare. Der Bruch mit dem Image der Thrash-Titanen war vollkommen.

ReLoad (1997) führte diesen Weg konsequent weiter. Zwar fanden sich hier auch härtere Nummern wie Fuel oder The Memory Remains, doch insgesamt war die Stilistik ähnlich wie beim Vorgänger – und erneut spaltete sie die Fangemeinde. Während manche die Reife und Vielfalt lobten, warfen andere der Band vor, ihre Wurzeln verraten zu haben. Doch Metallica ließen sich nicht beirren: Sie blieben an der Spitze der Charts, füllten Arenen und erweiterten ihre musikalische Ausdruckspalette.

Mit Garage Inc. (1998) zollten sie ihren Vorbildern Tribut – von Diamond Head bis Bob Seger – und präsentierten sich als Geschichtenerzähler mit Haltung. Und dann kam S&M (1999): ein orchestraler Paukenschlag, aufgenommen mit dem San Francisco Symphony Orchestra. Was viele für unvereinbar hielten – Metal-Riffs und Streicherarrangements – wurde zu einem monumentalen Werk. Metallica hatten sich erneut neu erfunden, ohne sich selbst zu verlieren.

Im Jahr 2000 erschütterte ein Rechtsstreit das Fundament der Beziehung zwischen Metallica und ihren Fans: Die Band verklagte die Musiktauschbörse Napster wegen Urheberrechtsverletzung. Für viele langjährige Anhänger war das ein Schock – war es nicht diese Band, die einst das Tape-Trading mit ihren Demos selbst befeuert hatte? Metallica fühlten sich jedoch betrogen: Ihre Musik zirkulierte ungefragt im Netz, und das Prinzip des kreativen Eigentums schien in Gefahr.

Die Reaktionen waren heftig. Während einige Metallicas Haltung als konsequent und mutig bezeichneten, sahen andere darin einen Verrat an der Metal-Philosophie. Der Mythos der unangepassten Rebellen bekam Risse – und mitten in diesem Sturm verließ Bassist Jason Newsted die Band. Offiziell hieß es, gesundheitliche Gründe hätten ihn zum Ausstieg bewogen, doch hinter den Kulissen brodelte es. Sein Nebenprojekt

Echobrain wurde von James Hetfield strikt abgelehnt – ein Zeichen für wachsende Spannungen innerhalb der Band.

Mit dem Weggang Newsteds verlor Metallica nicht nur einen Bassisten, sondern auch ein wichtiges Bindeglied im Gefüge. Die „Four Horsemen" waren zerfallen, und erstmals seit ihrer Gründung stand die Band vor der Frage: Wer sind wir – und wie geht es weiter?

Nach dem Ausstieg von Jason Newsted standen Metallica vor einem Wendepunkt – ohne Bassisten, mit zerrütteten Beziehungen und einer brüchigen Identität. Die Band begann mit den Aufnahmen zu einem neuen Album, bei dem Produzent Bob Rock kurzerhand selbst den Bass übernahm. Das Ergebnis war St. Anger (2003) – ein wütendes, ungeschliffenes Werk, das so roh klang, als wäre es direkt aus einer Gruppentherapie-Session entstanden.

Die Musik verzichtete bewusst auf klassische Strukturen: Keine Gitarrensoli, ein kompromissloses Riff-Gewitter, und Lars Ulrichs blechernes Snare-Geknalle wurde schnell zum Symbol eines Albums, das polarisierte wie kein anderes. St. Anger war der Klang einer Band am Abgrund – zerrissen, aber lebendig. Trotz der teils vernichtenden Kritiken erreichte das Album in über 30 Ländern Platz 1 und zeigte: Metallica waren noch da – wenn auch angeschlagen.

Inmitten dieses Chaos trat 2003 Robert Trujillo der Band bei. Der ehemalige Bassist von Suicidal Tendencies und Ozzy Osbourne brachte nicht nur spieltechnische Exzellenz mit, sondern auch eine stoische Ruhe, die Metallica dringend brauchte. Mit Trujillo kam Stabilität zurück – musikalisch wie menschlich. Und mit ihm begann ein neues Kapitel.

Im Jahr 2008 meldeten sich Metallica mit Death Magnetic zurück – einem Album, das wie eine donnernde Entschuldigung für die Zerrissenheit der vergangenen Jahre klang. Produziert von Rick Rubin, einem Verfechter reduzierter Härte, schob sich das neunte Studioalbum musikalisch dicht an die glorreichen Tage von Master of Puppets und ...And Justice for All heran. Riffs wie aus Granit, verschachtelte Songstrukturen, gnadenlose Soli – Metallica klangen wieder hungrig.

Die Texte waren düster, aber weniger wütend – es ging um Tod, Erlösung, Selbstreflexion. Songs wie „The Day That Never Comes" oder „All Nightmare Long" wurden sofort zu Live-Favoriten. Death Magnetic schoss in 32 Ländern auf Platz 1 und zeigte der Welt: Diese Band ist nicht nur eine Legende – sie ist lebendig.

Nicht ganz ohne Makel: Die Produktion des Albums wurde in Audiokreisen für ihre übertriebene Lautheit kritisiert – das sogenannte Loudness War-Phänomen. Dennoch feierte die Fanbasis das Album als Rückkehr zur Form, und die dazugehörige World Magnetic Tour füllte Arenen auf allen Kontinenten. Metallica hatten ihren Biss wiedergefunden – und das hörte man.

2011 veröffentlichten Metallica gemeinsam mit dem legendären Lou Reed das avantgardistische Album Lulu. Inspiriert von Frank Wedekinds düsteren Theaterstücken „Erdgeist" und „Die Büchse der Pandora", wagten sich die Musiker in bislang unerschlossene Gefilde – irgendwo zwischen Spoken Word, Noise Rock und postmodernem Lärmtheater.

Die Reaktionen fielen entsprechend heftig aus: Während Lou Reed das Werk als „das Beste, das ich je gemacht habe" bezeichnete, reagierte die Metallica-Fangemeinde mit Kopfschütteln, Spott und offener Ablehnung. Songs wie „The View" oder „Junior Dad" forderten Geduld – und Mut. Die Gitarren wirkten gehemmt, Hetfield blieb oft im Hintergrund, Reed deklamierte teils kryptische Texte über Gewalt, Gender und Identität.

Lulu ist bis heute das wohl kontroverseste Kapitel in der Karriere Metallicas. Für manche ein gescheitertes Experiment, für andere ein kompromissloser Kunstakt. Unbestritten ist: Die Band bewies einmal mehr, dass sie keine Angst hat, Grenzen zu überschreiten – auch auf die Gefahr hin, anzuecken.

2016 veröffentlichten Metallica mit Hardwired...To Self-Destruct ihr zehntes Studioalbum – ein kraftvolles Doppelalbum, das von Kritikern und Fans gleichermaßen gefeiert wurde. Mit Songs wie „Hardwired", „Moth Into Flame" und „Atlas, Rise!" kehrten Metallica zu ihren Wurzeln zurück, ohne dabei altmodisch zu klingen. Der Sound war roh, direkt und doch modern – produziert von Greg Fidelman gemeinsam mit Hetfield und Ulrich. Die Texte kreisten um Themen wie Selbstzerstörung, Isolation und den Wahnsinn der modernen Welt – düster, ehrlich und wuchtig.

Das Album erreichte in zahlreichen Ländern Platz 1 der Charts und bewies: Auch nach über 30 Jahren im Musikgeschäft sind Metallica noch immer eine kreative Macht. Mit über 125 Millionen verkauften Tonträgern, etlichen Grammy Awards und einer ungebrochenen Live-Präsenz gehört die Band längst zu den Giganten der Musikgeschichte. Sie sind nicht nur Überlebende – sie sind Wegbereiter, Revolutionäre und Ikonen.

Metallica sind nicht nur die Meister der Bühne – sie sind auch ein Phänomen der Wandlung. Ihre Live-Auftritte sind energetische Urgewalten, ihre Alben immer wieder Statements einer Band, die sich nie auf ihren Lorbeeren ausruhte. Ihre Fähigkeit zur Erneuerung hat sie über Jahrzehnte hinweg relevant gehalten – in einem Genre, das Stillstand nicht verzeiht.

Der Einfluss von Metallica reicht weit über die Grenzen des Thrash hinaus: Sie haben Generationen von Musikern geprägt, von Slayer bis Slipknot, von Avenged Sevenfold bis Muse. Ob in

Videospielen wie Guitar Hero, in Serien wie Stranger Things oder auf Kinoleinwänden in Through the Never – Metallica ist längst Teil des kollektiven Rock-Gedächtnisses geworden.

Sie haben sich nie gescheut, Risiken einzugehen, zu polarisieren, zu provozieren – und genau darin liegt ihre Größe. Metallica sind nicht bloß eine Band. Sie sind Bewegung, Monument, Mythos. Und ihr Donnerhall wird noch lange durch die Hallen der Musikgeschichte rollen.

Slayer

Slayer – das ist kein bloßes Kapitel der Metal-Geschichte, das ist ein Inferno. Seit 1981 schleudert die Band aus Kalifornien ihren gnadenlosen Thrash Metal in die Welt – roh, schnell, unbarmherzig. Gemeinsam mit Metallica, Megadeth und Anthrax formten sie die „Big Four" des Genres, doch Slayer waren stets die extremsten, die kompromisslosesten unter ihnen. Ihre Musik ist ein Sturm aus sägenden Riffs, entfesseltem Schlagzeug und Tom Arayas donnernder Stimme – ein Klanggewitter, das aufheult wie ein apokalyptischer Reiter. Und ihre Texte? Blasphemisch, brutal, beängstigend – oft nah an der Grenze, manchmal darüber hinaus.

Alles beginnt 1981 in Huntington Park, einem unscheinbaren Vorort von Los Angeles. Zwei junge Gitarristen – Kerry King, präzise wie ein Maschinengewehr, und Jeff Hanneman, vom Hardcore und Horror inspiriert – schließen sich zusammen, um eine neue Art von Härte zu formen. Gemeinsam mit dem wilden Drummer Dave Lombardo und dem chilenisch-amerikanischen Bassisten Tom Araya entsteht das Ur-LIne-up von Slayer – elne Truppe, die in den kommenden Jahren das Gesicht des Metal für immer verändern wird.

Angetrieben von ihrer Vorliebe für Iron Maiden und Judas Priest begannen Slayer als Coverband – doch der Hunger nach Eigenem war zu groß. Schon bald schälten sich aus den ersten eigenen Kompositionen rasende Riffs, infernalische Drums und ein Sound, der finsterer und kompromissloser war als alles, was damals durch kalifornische Garagen hallte. Ihre Auftritte waren durchtränkt von dunkler Symbolik: umgedrehte Kreuze, Pentagramme und ein Hauch von Höllenfeuer – Slayer machten früh klar, dass sie sich nicht um Grenzen scherten, weder musikalisch noch visuell.

Eines Abends, im schummrigen Licht eines Clubs in Los Angeles, spielten Slayer im Vorprogramm der Band Bitch – eine Show wie ein Faustschlag. Im Publikum war Brian Slagel, einst Musikjournalist, nun Gründer des noch jungen Labels Metal Blade Records. Die rohe Gewalt und düstere Energie des Quartetts fesselten ihn. Noch am selben Abend bot er ihnen einen Platz auf seiner Kompilation Metal Massacre III an. Slayer nahmen „Aggressive Perfector" auf – ein Track, der in der Szene zündete wie schwarzes Pulver. Die Resonanz war so heftig, dass Slagel keinen Zweifel mehr hatte: Diese Band war gekommen, um das Genre zu verändern. Der Plattenvertrag folgte auf dem Fuß.

Im November 1983 war es so weit: Slayer gingen ins Studio, um ihr erstes Album aufzunehmen – mit nichts außer ihren Instrumenten, ihrem Willen und dem Geld aus der eigenen Tasche. Ein Budget gab es nicht, aber was fehlte, machten sie durch Entschlossenheit wett. In nur drei Wochen war Show No Mercy im Kasten – roh, laut, kompromisslos. Die Szene reagierte prompt. Das Album verbreitete sich wie ein Lauffeuer im Underground, getragen von speedgeladenen Riffs, Arayas keifendem Gesang und einem Sound, der sich nicht um Konventionen scherte. Slayer katapultierten sich mit einem Schlag an die Seite von Venom und Metallica – und galten fortan als Speerspitze eines neuen, extremeren Metal-Sounds.

Anfang 1984 begaben sich Slayer auf ihre erste USA-Tournee – und sie hinterließen eine Schneise der Verwüstung. Nur wenige Monate später veröffentlichten sie die EP Haunting the Chapel, ein Werk, das wie ein dunkles Omen über der Szene hing. Die Songs waren noch aggressiver, düsterer und chaotischer als auf Show No Mercy – ein unheilvoller Klangteppich, der ahnen ließ, dass Slayer mehr vorhatten als nur laut zu sein. Die EP wurde schnell zum Kultobjekt in der Underground-Szene. Besonders der Song „Chemical Warfare" entwickelte sich zu einem Fanfavoriten – chaotisch, erbarmungslos und schonungslos brutal. Mit Haunting the Chapel war klar: Slayer würden sich nicht anpassen. Sie würden das Genre an ihre Vision anpassen.

1985 öffneten Slayer endgültig die Tore zur Hölle – mit einem Album, das seinem Titel alle Ehre machte: Hell Awaits. Die Platte knüpfte an die rabenschwarze Atmosphäre von Haunting the Chapel an, ging aber noch einen Schritt weiter. Die Songs wurden länger, verschachtelter, unberechenbarer – teils jenseits der Sieben-Minuten-Marke. Slayer wagten sich an Tempowechsel, mehrstimmige Gitarrenläufe und chaotischere Strukturen. Das Ergebnis: eine albtraumhafte Klangreise, die von vielen als ihr progressivstes Werk angesehen wird. Der wachsende Erfolg und der Ruf als extremste Band ihrer Zeit machten schließlich auch Rick Rubin auf Slayer aufmerksam – ein junger Produzent, der gerade sein Label Def Jam gegründet hatte, eigentlich für Rap und Hip-Hop. Doch Rubin erkannte das revolutionäre Potenzial von Slayer und bot ihnen einen Vertrag an. Dass eine Metal-Band ausgerechnet bei einem Hip-Hop-Label unterkam, war ein Tabubruch – aber genau das machte Slayer aus: Sie brachen Regeln, noch bevor man sie aussprechen konnte.

Als Slayer 1986 mit Reign in Blood ihr drittes Album vorlegten, veränderten sie nicht nur ihre eigene Karriere, sondern den gesamten Metal-Kosmos. Unter der Regie von Rick Rubin entstanden zehn Songs, die alles überflüssige Beiwerk ausblendeten – kein Solo zu viel, kein Refrain zu lang, keine

Verschnaufpause. Stattdessen: Raserei in Reinform. Die Songs waren kürzer, schneller, brutaler – ein infernalischer Schlag in die Magengrube der Hörgewohnheiten. Doch nicht nur die Musik sorgte für Aufsehen: Reign in Blood war ein Skandal, noch bevor es in den Regalen stand. Columbia Records, als Vertriebspartner von Def Jam eingeplant, verweigerte die Veröffentlichung. Der Grund: das düstere Artwork und vor allem der Text von „Angel of Death", in dem Slayer die Gräueltaten des KZ-Arztes Josef Mengele thematisierten – schonungslos, dokumentarisch, provozierend. Am Ende sprang Geffen Records ein. Und veröffentlichte ein Album, das bis heute als das radikalste Manifest des Thrash Metal gilt.

Der Song „Angel of Death", der die medizinischen Gräueltaten des KZ-Arztes Josef Mengele in ungeschönter Direktheit schilderte, löste weltweit Empörung aus. Slayer betonten stets, keine ideologische Aussage treffen zu wollen – der Text sei ein Blick in den Abgrund der Geschichte, kein Flirt mit ihr. Dennoch war der Aufschrei gewaltig. Columbia Records zog sich zurück, und so veröffentlichte Geffen Records am 7. Oktober 1986 das Album, das bis heute als eines der kompromisslosesten Werke des Metal gilt: Reign in Blood. In nur 29 Minuten entfaltet sich auf diesem Album eine beispiellose Orgie aus Geschwindigkeit, Präzision und Dunkelheit. „Raining Blood", „Altar of Sacrifice", „Piece by Piece" – jede Nummer ein Hieb mit der Rasierklinge. Es war, als hätte jemand den Thrash Metal bis auf seine Knochen abgezogen. Für viele Fans wurde Reign in Blood zum Maßstab – für andere zur Überforderung.

Slayer tourten nach dem Release intensiv durch die USA und Europa. Doch hinter den Kulissen kriselte es: Schlagzeuger Dave Lombardo verließ die Band vorübergehend – ausgerechnet jetzt, als sich das Fenster zur Metal-Weltherrschaft öffnete.

Er wurde für die laufende Tour von Tony Scaglione ersetzt –
doch das Kapitel Slayer war längst nicht zu Ende erzählt.

1987 kehrte Dave Lombardo zur Band zurück – gerade recht-
zeitig, um gemeinsam mit Slayer eine düstere, fast psychedeli-
sche Coverversion des Iron-Butterfly-Klassikers „In-A-Gadda-
Da-Vida" für den Soundtrack des Films Less Than Zero aufzunehmen. Es war ein überraschender Ausflug in fremde Klang-
räume – aber vor allem das Vorspiel zu einem nächsten, bewusst gesetzten Kapitel.

Mit dem 1988 erschienenen Album South of Heaven schlug
Slayer unerwartete Töne an: Das Tempo wurde gedrosselt, die
Riffs schwerer, die Atmosphäre noch unheilvoller. Statt erneu-
ter Raserei folgte eine kalte, kalkulierte Bedrohlichkeit – ein
Schritt zur Seite, nicht zurück. Für viele Fans, die noch im Ad-
renalinrausch von Reign in Blood schwebten, kam dieser Stil-
wandel einem Schock gleich. Doch gerade diese Wende offenbarte die Tiefe der Band: Slayer waren keine eindimensionale
Gewaltmaschine – sie konnten auch langsam zermalmen. South
of Heaven wurde kontrovers aufgenommen, aber rückblickend
als mutiger Meilenstein gewürdigt – ein Album, das Slayer endgültig als kreative Kraft im Extrem-Metal zementierte.

1990 veröffentlichten Slayer das Album Seasons in the Abyss
– eine meisterhafte Synthese aus der erbarmungslosen Wucht
von Reign in Blood und der düsteren Bedrohlichkeit von South
of Heaven. Der Titelsong, getragen von einem schleppenden,
hypnotischen Riff, wurde mit einem spektakulären Musikvideo
vor den Pyramiden von Gizeh inszeniert – ein symbolträchtiges
Bild für eine Band, die längst selbst zu einem Monument des
Extrem-Metal geworden war. Im selben Jahr machten Slayer
gemeinsam mit Megadeth, Anthrax und (zeitweise) Alice in
Chains auf der legendären Clash of the Titans-Tour Front gegen

den aufkommenden Grunge. Die Tour führte durch Europa und Nordamerika und wurde zum Triumphzug des Thrash Metal – ein letztes, kollektives Donnern vor der großen Welle der stilistischen Umbrüche der 1990er. Slayer standen dabei im Zentrum: unerbittlich, präzise, furchteinflößend.

1992 trennte sich Slayer erneut von Dave Lombardo. Sein Nachfolger wurde Paul Bostaph, der zuvor bei Forbidden gespielt hatte. Mit ihm fand die Band einen technisch brillanten Drummer, der Lombardos gewaltige Fußstapfen mit Präzision und Eigenständigkeit ausfüllte. Zwei Jahre später erschien Divine Intervention – ein Werk, das düsterer, härter und kälter klang als alles, was Slayer zuvor veröffentlicht hatten. Die Texte waren inspiriert von realen Serienmördern, religiösem Fanatismus und gesellschaftlichem Zerfall. Trotz (oder gerade wegen) dieser Unversöhnlichkeit schoss das Album 1994 auf Platz 8 der US-Charts – das erste Top-10-Album in Slayers Karriere. Für eine Band, die sich nie dem Mainstream andiente, war das eine klare Kampfansage: kompromisslos, verstörend, erfolgreich.

1996 veröffentlichte Slayer Undisputed Attitude, ein kompromissloses Coveralbum, das sich ganz dem Hardcore Punk widmete. Die Band zollte damit ihren Wurzeln Tribut – Bands wie Minor Threat, Verbal Abuse und D.R.I. prägten den Sound, den besonders Jeff Hanneman schon früh in sich trug. Die rohe Wut dieses Albums zeigte, dass Slayer mehr war als nur Thrash Metal – es war eine Haltung, eine Attacke.

Im selben Jahr geriet die Band in einen öffentlichen Skandal: Die Eltern eines ermordeten Mädchens verklagten Slayer mit der Behauptung, deren Musik habe die Täter beeinflusst. Ein verstörender Versuch, Kunst als Sündenbock für gesellschaftliche Abgründe zu missbrauchen. 2001 wurden Slayer von allen Vorwürfen freigesprochen.

Zwei Jahre später erschien Diabolus in Musica – Slayers mutiger, aber auch umstrittenster Stilbruch. Nu-Metal-Rhythmen, gedrosseltes Tempo, ein wuchtiger, tiefer gestimmter Sound. Für viele Fans der alten Schule war es ein Schock, andere sahen darin eine experimentelle Weiterentwicklung. Die Band selbst blieb gewohnt stoisch: Slayer machen, was Slayer wollen.

Nach dem stilistischen Ausflug mit Diabolus in Musica kehrten Slayer Anfang der 2000er Jahre zu ihrer ureigenen Härte zurück. Das neue Album God Hates Us All erschien ausgerechnet am 11. September 2001 – ein Datum, das sich auf tragische Weise in das kollektive Gedächtnis der Menschheit brannte. Der Titel wirkte in dieser historischen Kulisse wie ein prophetischer Fluch, obwohl die Verbindung reiner Zufall war. Doch die Musik – sie war alles andere als Zufall: schneidend, wütend, brutal. Slayer waren zurück.

Im selben Jahr kam es zu einem Moment, den viele nicht mehr für möglich gehalten hatten: Dave Lombardo, das Ur-Monster am Schlagzeug, kehrte heim. Mit ihm kehrte auch ein Stück der alten Magie zurück. Die Band spielte Shows in aller Welt, und 2006 veröffentlichten sie Christ Illusion – das erste Album mit Lombardo seit Seasons in the Abyss (1990). Es stieg direkt auf Platz 5 der US-Charts ein – der höchste Charteinstieg ihrer Karriere. Slayer hatten der Welt erneut gezeigt, dass Kompromisse nicht ihr Ding sind. Und dass wahre Wut niemals alt wird.

Slayer ruhte sich nie auf ihrem Ruf aus – sie sammelten auch Preise. Für den Song Eyes of the Insane erhielten sie 2007 einen Grammy in der Kategorie „Best Metal Performance". Ein Jahr später folgte der nächste: Final Six brachte ihnen die zweite goldene Trophäe ein. Zwei Grammys – für eine Band, die einst als gefährlich, unmoralisch und unspielbar galt.

2010 kam es dann zu einem Moment, von dem Fans jahrzehntelang nur träumen konnten: Slayer standen bei den Sonisphere Festivals Seite an Seite mit Metallica, Megadeth und Anthrax auf der Bühne – die legendären Big Four des Thrash Metal, vereint auf einem Fleck. Die Energie dieser Auftritte wurde auf DVD und Blu-ray verewigt: The Big Four – Live from Sofia, Bulgaria. Ein Denkmal in Bildern und Tönen.

Doch während die Band vor hunderttausenden Fans ihre Klassiker feierte, begann im Hintergrund ein Schatten zu wachsen. Anfang 2011 wurde Jeff Hanneman von einer Spinne gebissen – ein scheinbar harmloses Ereignis, das sich als verheerend entpuppen sollte. Eine nekrotisierende Infektion schwächte ihn so sehr, dass er nicht mehr mit Slayer touren oder an neuem Material arbeiten konnte. Für viele Fans war es, als würde ein Teil der DNA der Band zerbröckeln.

Im Mai 2013 verstummte eine der prägenden Gitarrenstimmen des Thrash Metal für immer. Jeff Hanneman, Gründungsmitglied, Riffarchitekt, Unruhestifter, starb im Alter von nur 49 Jahren an Leberversagen. Die Nachricht erschütterte die Szene bis ins Mark – Slayer ohne Hanneman? Kaum vorstellbar. Doch die Band, vom Verlust gezeichnet, aber nicht gebrochen, beschloss weiterzumachen. Gary Holt, Gitarrist von Exodus und langjähriger Weggefährte, trat an Hannemans Stelle – nicht als Ersatz, sondern als Bewahrer eines Erbes.

2015 erschien Repentless – ein rohes, kompromissloses Album, das Hanneman gewidmet war. Wütend, unversöhnlich, aufrichtig. Kritiker und Fans sahen darin keine routinierte Fortsetzung, sondern ein Statement: Slayer lebt. Und Slayer vergisst nicht.

Im Jahr 2018 ließ Slayer die Bombe platzen: Nach fast vier Dekaden Thrash Metal kündigten sie ihre Abschiedstournee an

– ein letztes Beben, das die Welt erschüttern sollte. Über ein Jahr lang zogen sie durch Nord- und Südamerika, Europa, Australien und Asien – ein globaler Abgesang mit donnerndem Nachhall.

Am 30. November 2019 war es schließlich soweit. Im „The Forum" von Inglewood, Kalifornien, erklangen zum letzten Mal Slayer-Riffs vor Publikum. Kein pompöses Pathos, keine Tränen – nur Feuer, Lärm und Apokalypse. Es war das Ende einer Ära. Und doch: Niemand verlässt Slayer unversehrt. Ihr Schatten wird bleiben, schwer und unauslöschlich – in der Musik, in der Erinnerung, in jedem „SLAAAYEEER!"-Ruf in einer stillen Festivalnacht.

Slayer zählen – gemeinsam mit Metallica, Megadeth und Anthrax – zu den unbestrittenen Pionieren des Thrash Metal. Ihr Sound war eine radikale Zuspitzung der New Wave of British Heavy Metal: Die melodische Härte von Iron Maiden, die rohe Energie von Motörhead, das infernale Klangbild von Venom – Slayer nahmen diese Elemente, beschleunigten sie bis zur Schmerzgrenze und überzogen sie mit einem finsteren, nihilistischen Ton. Ihre Songs waren nicht nur schneller – sie waren gnadenloser, giftiger, präziser. Wer genau hinhört, erkennt im Riff von "Angel of Death" ein düsteres Echo von Iron Maidens "Caught Somewhere in Time", doch Slayer verwandeln die epische Melodie in einen rasenden Sturm. Auch "Piece by Piece", mit seiner chromatisch verschobenen Struktur und den abrupteren Metrumwechseln, wurde zu einer Art Blaupause für die aggressivere Ausprägung des Thrash – eine Klangsprache, die selbst Metallica beeindruckte.

Was Slayer so einzigartig macht, ist ihre Fähigkeit, rohe Gewalt mit musikalischer Struktur zu verbinden. Ihre Songs sind keine bloßen Klanggewalten – sie besitzen

Wiedererkennungswert. „Jedes Lied hat eine klare Hookline und eine unverkennbare Melodie", schrieb der Kritiker Horatio einst über Reign in Blood – und traf damit den Kern des Phänomens. Jeff Hannemans Liebe zum Punk, besonders zum Hardcore der frühen 80er, prägte den Slayer-Sound nachhaltig – nicht zuletzt hörbar auf dem kompromisslosen Coveralbum Undisputed Attitude. Die Gitarrenriffs von Hanneman und Kerry King, messerscharf und düster, setzten Maßstäbe. Und über allem thronte Dave Lombardos Schlagzeugspiel – mal donnernd wie ein Orkan, mal präzise wie ein Skalpell. Gemeinsam erschufen sie eine Klanggewalt, die so unnachgiebig wie unverkennbar war.

Auch optisch setzten Slayer Maßstäbe – mit einem Stil, der ebenso aggressiv war wie ihre Musik. Allen voran Kerry King, der mit Leder, Ketten, Nieten und später seinen berüchtigten langen Nägeln zur Ikone eines neuen Metal-Images wurde. Seine Bühnenpräsenz – eine Mischung aus martialischem Ritual und provokativer Inszenierung – prägte das spätere Erscheinungsbild des Black Metal, auch wenn Slayer selbst nie diesem Genre zugeordnet wurden. Doch Slayers Symbolwelt war nicht nur laut, sondern auch umstritten: Das stilisierte „S", das an die Siegrune erinnert, oder der zweideutig genutzte Reichsadler im Logo sorgten wiederholt für Kritik. Der Fanclub-Name „Slatanic Wehrmacht" tat sein Übriges. Trotzdem – oder gerade deshalb – blieb die Band stets bei ihrer Haltung: unpolitisch, ungebunden, provozierend. Slayer nutzten die Macht der Zeichen – nicht, um Position zu beziehen, sondern um Grenzen zu verschieben.

Slayer gehören zu den legendären „Big Four" des Thrash Metal – und waren dabei stets die extremste, kompromissloseste Kraft im Quartett mit Metallica, Megadeth und Anthrax. Während andere sich im Lauf der Jahre öffneten, polierten oder wandelten, blieb Slayer bis „Divine Intervention" (1994) ein Bollwerk des Hasses, der Geschwindigkeit, der Unbeugsamkeit.

Ihr Einfluss reicht weit über den Thrash Metal hinaus: Death-Metal-Giganten wie Sepultura und Black-Metal-Bands wie Kreator und Behemoth, aber auch Acts wie Slipknot zählten sie zu ihren Leitsternen. Und selbst Künstler fernab des Genres beugten sich ehrfürchtig über ihre Songs – wie Tori Amos, die mit ihrer düsteren, zerbrechlichen Version von „Raining Blood" ein ganz neues Licht auf Slayers Sound warf.

Der „Slayer-Ruf" – dieses schrille, kollektive Gebrüll auf Metal-Festivals weltweit – ist längst ein Ritual. Ein Zeichen von Ehrfurcht. Ein Ausrufezeichen. MTV führte sie auf Platz 6 der „größten Metalbands aller Zeiten", Kerrang! kürte „Reign in Blood" zum „härtesten Album aller Zeiten", und der Metal Hammer nannte es das beste Metal-Album der letzten zwei Jahrzehnte. Slayer sind keine Fußnote. Sie sind ein Fanal.

Slayer haben ihren Ruf nicht nur durch ihre Musik, sondern auch durch die Inhalte ihrer Texte geprägt – und dabei regelmäßig für Kontroversen gesorgt, besonders in Deutschland. Songs wie „Angel of Death", „The Final Command", „Behind the Crooked Cross" oder „SS-3" griffen Themen rund um den Nationalsozialismus auf und lösten immer wieder Debatten aus. Der Vorwurf der Verherrlichung stand im Raum – doch Slayer betonten stets, ihre Texte seien wie dokumentarische Momentaufnahmen zu verstehen, nicht als ideologische Stellungnahmen.

Auch andere Themen sorgten für Aufsehen: Morde, Terrorismus, psychische Abgründe. In „Jihad" setzten sich Slayer mit den Anschlägen vom 11. September auseinander, andere Songs widmeten sich Serienmördern wie Ed Gein oder Jeffrey Dahmer.

Das Cover von Christ Illusion, das einen verstümmelten Christus zeigt, war ebenfalls Ziel massiver Kritik.

Und dann war da natürlich noch das Image: Satanismus, Pentagramme, Höllensymbolik. Doch wie so oft bei Slayer war auch das eine Mischung aus Provokation, schwarzem Humor und kulturkritischem Spiegel. Kerry King, Texter und Gitarrist, brachte es einmal so auf den Punkt: „Ich schreibe die besten satanischen Texte auf diesem Planeten – aber Religion ist auch einfach das lustigste Thema, um sich darüber lustig zu machen."

Slayer waren nie eine Band, die gefallen wollte. Sie waren ein Spiegel der dunklen Seite der Menschheit – verzerrt, laut, kompromisslos. Und vielleicht genau deshalb so wichtig.

Sodom

Sodom – das sind über vier Jahrzehnte musikalische Abriss-birne, Frontmann Tom Angelripper an vorderster Front. Seit der Gründung 1982 hat sich um ihn herum vieles verändert, doch eines blieb konstant: ein Sound wie ein Panzer auf Schotter. Wie begann dieser Feldzug durch die Extreme des Metal?

1982 formieren sich in Gelsenkirchen drei junge Chaoten zu einer Band, die bald einen bleibenden Eindruck hinterlassen sollte: Tom Angelripper am Bass und Mikrofon, Chris Witchhunter am Schlagzeug und Aggressor an der Gitarre. Was als bier-selige Zweckgemeinschaft begann – „Zusammensein und Bier-trinken [...] wichtiger als der Versuch, zu musizieren", wie sich Angelripper später erinnerte – nahm schnell an Fahrt auf. Mit rohen, kompromisslosen Demos wie Witching Metal und Victims of Death machten sie sich im Underground einen Namen – als eine der lautesten, härtesten und unbeirrbarsten Bands der frü-hen deutschen Extrem-Metal-Szene.

1984 unterschreibt Sodom bei Steamhammer ihren ersten Plattenvertrag – ein entscheidender Schritt vom Proberaum ins Rampenlicht. Kurz vor den Aufnahmen zur legendären Mini-LP In the Sign of Evil verlässt Aggressor die Band und wird durch Grave Violator ersetzt. Doch auch dessen Verweildauer ist kurz, und bald übernimmt Michael „Destructor" Wulf die Gitarre. Mit ihm entsteht Obsessed by Cruelty, ein Debütalbum, das mit sei-nem rohen, chaotischen Sound wie ein Faustschlag in die auf-keimende Extrem-Metal-Szene wirkt – unbequem, ungeschlif-fen und kompromisslos, ganz so wie Sodom selbst.

1987 stößt Frank Blackfire zur Band – ein Gitarrist, der mit seinem präzisen, kraftvollen Spiel eine neue Dimension in den Sound von Sodom bringt. Es folgt die EP Expurse of Sodomy, und kurz darauf das bahnbrechende Album Persecution Mania, mit dem Sodom endgültig aus dem Underground hervorbrechen. Der kompromisslose Sound, die bissige politische Haltung – all das trifft einen Nerv. Auf dem Cover prangt zum ersten Mal das düstere Konterfei des „Knarrenheinz", einer martialischen Fratze in Gasmaske und Helm, die fortan wie ein Totem über der Bandgeschichte schwebt. Sodom sind nicht länger eine rohe Hoffnung – sie sind eine Macht.

1989 schlägt Agent Orange ein wie eine Splittergranate. Das dritte Studioalbum von Sodom steigt bis auf Platz 36 der deutschen Charts – ein bis dahin beispielloser Erfolg für eine Band mit solch kompromisslosem Sound. Mit wütender Präzision seziert die Band die Schrecken des Vietnamkriegs – laut, aggressiv und unmissverständlich. Die Single Ausgebombt, auf der Bela B. von Die Ärzte als Gastsänger mitwirkt, überrascht mit deutschsprachigem Text und wird zur Hymne gegen den Krieg. Doch gerade im Moment des Triumphs kommt es zum Bruch: Frank Blackfire verlässt die Band und schließt sich Kreator an – ein Paukenschlag in der deutschen Thrash-Szene. Für die anstehende Europatournee springt Uwe Baltrusch von Mekong Delta ein und hält das Schlachtschiff Sodom auf Kurs.

Die 90er Jahre waren für Sodom ein Jahrzehnt des Umbruchs – ein wilder Ritt durch Line-ups, Stile und Experimente. An der Gitarre gaben sich Michael Hoffmann, Andy Brings und Dirk Strahlmeier die Klinke in die Hand, während Guido „Atomic Steif" Richter das Schlagzeug von Chris Witchhunter übernahm. Die Alben Better Off Dead, Tapping the Vein und Get What You Deserve zeigten eine Band im Wandel – mal melodischer, mal brutaler, stets bereit, ihre Grenzen auszuloten. Erst gegen Ende des Jahrzehnts fand Tom Angelripper wieder festen Boden unter den Füßen. Mit Bobby Schottkowski an den Drums und

Bernd „Bernemann" Kost an der Gitarre formierte sich ein starkes Trio, das mit Code Red (1999) und M-16 (2001) zur rohen Kraft des klassischen Thrash Metal zurückkehrte – hart, kompromisslos und politisch. 2007 setzte die Band ihrem Schaffen ein Denkmal: Beim 25-jährigen Jubiläum auf dem Wacken Open Air standen alte und neue Weggefährten gemeinsam auf der Bühne – ein Fest für Fans und Band gleichermaßen.

2008 wurde die Band von einem schweren Verlust erschüttert: Gründungsmitglied und Ur-Schlagzeuger Chris Witchhunter verstarb an den Folgen seiner Alkoholkrankheit. Ihm zu Ehren fand ein bewegendes Tributkonzert statt – ein Abschied voller Respekt und Wehmut.

Zwei Jahre später veröffentlichte Sodom das kraftvolle Album In War and Pieces, das die Band wieder in stürmischem Fahrwasser zeigte. Nach dem Ausstieg von Drummer Bobby Schottkowski trat Markus „Makka" Freiwald in seine Fußstapfen – eine Phase der Stabilität begann, doch nicht von Dauer war.

2018 dann der Paukenschlag: Tom Angelripper verkündete überraschend die Trennung von Bernd „Bernemann" Kost und Markus Freiwald. Stattdessen stellte er eine neue Formation auf – mit Stefan „Husky" Hüskens am Schlagzeug, Yorck Segatz an der Gitarre und einem alten Bekannten: Frank Blackfire kehrte zurück. Es war ein symbolischer Schulterschluss mit der Vergangenheit – ein neues Kapitel mit altem Feuer.

Sodom gehören zu den unbestrittenen Pionieren des Thrash Metal – nicht nur in Deutschland, sondern weltweit. Mit ihrer kompromisslosen Mischung aus Raserei und roher Ehrlichkeit haben sie ein Genre geprägt und zahllose Bands inspiriert. Ihre Texte, oft eine schonungslose Auseinandersetzung mit Krieg, Tod und gesellschaftlichem Verfall, sorgten immer wieder für Diskussionen – doch Tom Angelripper stellte stets klar: Sodom wollen nicht verherrlichen, sondern entlarven. Ihre Songs sind keine Heldenepen, sondern musikalische Mahnmale.

Auch über vier Jahrzehnte nach ihrer Gründung lodert das Feuer weiter. Mit einer neuen, hungrigen Besetzung und Angelripper als unermüdlichem Kapitän an Deck bleibt Sodom nicht im Hafen der Nostalgie. Sie setzen die Segel – bereit, die Bühnen dieser Welt erneut zu entern.

DDR-Bands

Auch hinter dem Eisernen Vorhang lebten Jugendliche für die Musik. In der DDR war Metal nicht nur eine Stilfrage – er war Ausdruck von Sehnsucht, Widerstand und Identität.

Trotz Zensur, Materialknappheit und Auftrittsverboten entstanden auch dort Bands, die sich am Sound der NWoBHM orientierten – mit eigenen Mitteln, eigener Sprache und viel Mut.

Gruppen wie Berluc, Formel 1, Hardholz, MCB und die später als Macbeth oder Caiman bekannten Musiker hielten die Fahne des Heavy Metal hoch – unter Bedingungen, die man sich im Westen kaum vorstellen konnte.

Dieses Kapitel erinnert an jene vergessenen Helden des Ostens, deren Geschichte Teil der Metalgeschichte ist – auch wenn sie viel zu selten erzählt wird.

Berluc

Mit vorbildlicher Disziplin, künstlerischer Hingabe und der festen Überzeugung vom kulturellen Auftrag der Rockmusik gelang es der Musikgruppe Berluc, nicht nur die werktätigen Massen in der Deutschen Demokratischen Republik, sondern auch die fortschrittlich gesinnten Zuhörerinnen und Zuhörer in den sozialistischen Bruderländern mit ihrem melodischen Hard Rock zu begeistern. Ihre Lieder spiegeln den Geist der Zeit, die Lebenswirklichkeit des arbeitenden Menschen und den unerschütterlichen Glauben an eine bessere Zukunft.

Im Geiste der kulturellen Vielfalt und im Einklang mit den schöpferischen Bestrebungen der Werktätigen der DDR formierte sich die Musikformation Berluc zunächst aus verschiedenen engagierten Musikschaffenden aus Berlin und Luckenwalde. Der gemeinsame Wille zur künstlerischen Verwirklichung führte im Jahre 1974 zu einer festen Besetzung – ein bedeutender Schritt auf dem Weg zur Professionalisierung.

Mit dem Umzug der Band nach Rostock, einer Stadt mit wachsender kultureller Bedeutung, begann eine neue Phase in der Entwicklung von Berluc. Im Jahre 1978 gelang ihnen mit dem Titel „Hallo Erde, hier ist Alpha" ein musikalischer Durchbruch, der nicht nur den verdienten Applaus des Publikums sicherte, sondern sie zugleich in die erste Reihe der DDR-Rockmusik katapultierte. Der Song, inspiriert vom historischen Raumflug Sigmund Jähns, verband technische Zukunftsvision mit klanglicher Leidenschaft – und wurde zum Symbol einer Generation zwischen Sternenstaub und Plattenbau.

1979 veröffentlichten Berluc ihr Debütalbum Reise zu den Sternen – ein echter Paukenschlag in der DDR-Musiklandschaft. Das Album war nicht nur eine Sammlung eingängiger

Rocksongs, sondern das erste Konzeptalbum, das in der DDR überhaupt erschien. Zwischen den einzelnen Titeln verbanden akustische Überleitungen die Lieder zu einem musikalischen Gesamtkunstwerk. Der Weltraum diente dabei nicht nur als thematische Kulisse, sondern auch als Metapher für Aufbruch, Entgrenzung und eine leise, aber spürbare Sehnsucht nach Weite.

1982 folgte das zweite Album Hunderttausend Urgewalten, das musikalisch an das Debüt anschloss, aber in seiner Produktion noch kraftvoller und zielgerichteter wirkte. Noch im selben Jahr wagten die DDR-Oberen für die Band den Sprung über die innerdeutsche Grenze: Für den westdeutschen Markt stellte das Label Teldec eine Auswahl von Songs unter dem schlichten Titel Berluc zusammen. Mit dem Titel „Glaube an dich" gelang Berluc im Mai 1982 ein weiterer Hit – ein Song, der in seiner Botschaft ebenso optimistisch wie typisch für die Band war: aufrüttelnd, eingängig und voller positiver Energie.

1983 sorgte Berluc beim „Rock für den Frieden"-Festival für Furore: Mit dem Song No Bomb lieferten sie nicht nur ein musikalisches Ausrufezeichen, sondern landeten zugleich den „Hit des Jahres". Ein Lied, das musikalische Wucht mit einer klaren, pazifistischen Botschaft verband – und damit den Nerv der Zeit traf. 1984 folgte eine Umbesetzung innerhalb der Band, was sich auch im Sound niederschlug. Das Album Rocker von der Küste präsentierte sich rauer, direkter und verzichtete erstmals auf ein übergeordnetes Konzept – ein Neuanfang mit Biss, ohne dabei die melodische Handschrift der Band zu verlieren.

Die musikalische Handschrift von Berluc trugen vor allem Axel Stehr und Manfred Kähler. Ihre Kompositionen verbanden eingängige Melodien mit einem kraftvollen, manchmal fast hymnischen Rocksound. Für die Texte zeichneten zunächst Kurt Demmler und später Burkhard Lasch verantwortlich – zwei

Autoren, deren Worte nicht nur poetisch und bildreich waren, sondern auch einen ehrlichen Blick auf das Leben in der DDR warfen. Zwischen Alltag und Aufbruch, Zweifel und Zuversicht – Berluc gaben ihren Liedern eine Stimme, die vielen aus der Seele sprach.

Nach einigen stilleren Jahren meldete sich Berluc 1988 mit neuer Besetzung und der EP „Nach Haus" zurück – ein Lebenszeichen, das zeigte, dass der Funke noch nicht erloschen war. Nach der politischen Wende kam zunächst das Aus: Dietmar Ränker löste die Band auf, als sich die musikalischen wie gesellschaftlichen Landschaften grundlegend veränderten. Doch Berluc waren nie ganz weg. 1993 kehrten sie überraschend zurück. Ein Jahr später erschien die Maxi-CD „Nach Haus", und 1996 veröffentlichte BMG mit „Berluc – Die Hits" eine Werkschau, die das musikalische Vermächtnis der Band noch einmal ins Licht rückte.

Berluc haben der Rockmusik in der DDR ein Gesicht gegeben – kantig, melodisch, unverwechselbar. Mit Songs wie „Hallo Erde, hier ist Alpha" und „No Bomb" schrieben sie sich nicht nur in die Hitparaden, sondern auch in das kollektive Gedächtnis einer ganzen Generation. Sie bewiesen, dass ehrliche, mitreißende Rockmusik auch hinter dem Eisernen Vorhang ihren Platz finden konnte – und dass sie Menschen verbinden, bewegen und zum Träumen bringen konnte. Ihre Spuren sind bis heute hörbar.

Wissenswertes am Rande:

- Der Name Berluc ist ein Kofferwort – zusammengesetzt aus Berlin und Luckenwalde, den Herkunftsorten der ursprünglichen Musiker.

- Der Song „Hallo Erde, hier ist Alpha" war eine Hommage an den ersten Deutschen im All, Sigmund Jähn – und wurde zur inoffiziellen Hymne eines Raumfahrttraums in Moll.

- Berluc begeisterten nicht nur das DDR-Publikum, sondern tourten auch erfolgreich durch die sozialistischen Bruderländer – etwa Polen oder die Tschechoslowakei –, wo sie mit offenen Armen empfangen wurden.

Formel 1

Berlin, 1981. In einer Stadt, die offiziell von Aufbruch sprach, aber in Mauern dachte, taten sich Musiker des Joco-Dev-Sextetts zusammen – mit einer anderen Vorstellung von Aufbruch. Ihre Vorbilder trugen Leder, spielten zweistimmige Gitarrenläufe und hießen Iron Maiden oder Judas Priest. Die neue Band sollte lauter, wilder, westlicher klingen. Sie nannte sich: Formel 1.

Bereits in ihren frühen Jahren stießen Formel 1 auf erstaunlich offene Ohren: Ihre Songs fanden den Weg in den Rundfunk der DDR – ein seltenes Privileg für eine Band mit Westklang und Lederjacke. 1983 standen sie auf der Bühne des Festivals Rock für den Frieden, das in der DDR als kulturelles Aushängeschild galt. Im selben Jahr erhielten sie den begehrten Profi-Status – ein Schritt, der ihnen regelmäßige Ausstrahlungen auf DT64 und sogar Fernsehauftritte sicherte. Für eine Metal-Band im Osten: fast ein Wunder.

Der charakteristische Sound von Formel 1 lebte von zwei Lead-Gitarren – ein Konzept, das musikalische Kraft entfaltete, aber auch regelmäßig für Spannungen sorgte. Der häufige Wechsel auf dem Posten des zweiten Gitarristen war fast schon ein Markenzeichen der Band. Auch wenn alle Mitglieder an den Kompositionen beteiligt waren, prägten vor allem Wolfgang Densky mit seiner Musik und Norbert Schmidt mit seinen Texten das kreative Rückgrat von Formel 1. In den Anfangsjahren schrieb auch Katharina Koch mit – ihre Verse, oft in Berliner Mundart, verliehen den Songs eine rotzige Direktheit, die in der DDR-Rockszene einzigartig war.

Wenn es um Bühnenpräsenz ging, war Formel 1 ihrer Zeit weit voraus – zumindest im DDR-Rockzirkus. Die Band ließ

Tropfsteinhöhlen und Burgen auf der Bühne entstehen, mit viel Fantasie und noch mehr Handarbeit. Ihre Shows waren Spektakel, in denen Musik und Bühnenbild zu einer Einheit verschmolzen. 1986 erschien ein Live-Album mit Mitschnitten aus dem Henningsdorfer Kulturhaus. Doch eine seltsame Begebenheit begleitete die Veröffentlichung: Das Band mit den enthusiastischen Publikumsreaktionen des ersten Konzerts verschwand spurlos – zurück blieb nur der eher verhaltene Applaus des zweiten Abends. Ein Fall für die „Rockgeister der Republik"?

Der politische Gegenwind wehte der Band zunehmend ins Gesicht. Nach wiederholten Auflagen und inhaltlichen Einschränkungen durch die Kulturfunktionäre stellten Norbert Schmidt und Peter Fincke schließlich einen Ausreiseantrag. Obwohl bereits an einem zweiten Album gearbeitet wurde, war die Luft raus – am 14. Dezember 1987 spielte Formel 1 ihr letztes Konzert. In einem Fanbrief schrieb Norbert Schmidt rückblickend: „Die Offiziellen hielten der Kreativität von Formel 1 nur Passivität entgegen. Heavy Metal ist nur ein geduldetes Übel. [...] Weil die Leute, die zu Heavy-Metal-Konzerten gehen, nicht so richtig in das frohe Jugendleben der DDR passen, ist die Musik von den Leuten, die was zu melden haben, zum Scheitern verurteilt." Ein offenes, fast trotziges Schlusswort – und ein stiller Abgesang auf das Kapitel „Heavy Metal in der DDR".

1988 wurde Peter Fincke die Ausreise in den Westen genehmigt, Norbert Schmidt folgte ihm ein Jahr später. Der Traum war aus, die Band zerbrochen – zunächst. 1999 wagte Formel 1 ein Comeback, doch die Resonanz blieb verhalten. Die große Bühne blieb verschlossen. Und doch ist Formel 1 nie ganz verstummt: Heute treffen sich die verbliebenen Musiker in ihrem Proberaum, spielen alte Songs – nicht für Ruhm, nicht für Geld, sondern einfach, weil sie es noch immer fühlen. 2008 erschien bei "Immortal Vinyl Records" eine aufwendig gestaltete 5-LP-Box mit Rundfunkproduktionen, einem Konzertmitschnitt von 1985 und Raritäten – eine letzte Verbeugung vor einer Band, die nie wirklich aufgehört hat zu existieren.

Formel 1 gehörte zu den wenigen Heavy-Metal-Bands der DDR, die sich nie dem Zeitgeist beugten. Sie blieben sich treu – musikalisch wie künstlerisch – und setzten mit ihrer Energie, ihren Bühnenbildern und ihren kompromisslosen Songs Akzente, die weit über ihre Zeit hinausstrahlen. Auch wenn ihnen der große Durchbruch verwehrt blieb, hinterließen sie Spuren im Gedächtnis jener, die ihre Musik liebten. In der Geschichte des Ostrocks sind sie mehr als eine Randnotiz – sie sind ein Echo aus Stahl und Überzeugung, das bis heute nachhallt.

Wissenswertes am Rande:

- Die Texte von Formel 1 waren mehr als bloße Reime – oft kritisch, gelegentlich ironisch, stets ein Spiegel der Verhältnisse, in denen sie entstanden.
- Ihre Shows waren Spektakel im besten Sinne – mit selbstgebauten Kulissen, die von Tropfsteinhöhlen bis Burgen reichten. Ein Kraftakt der Fantasie in grauen Zeiten.
- Formel 1 war eine der ganz wenigen Bands im Arbeiter-und-Bauern-Staat, die sich mit voller Überzeugung de

Hardholz

Hardholz – der Name allein klang wie ein Versprechen. Gegründet 1985 im thüringischen Tambach-Dietharz, rauschte die Band wie ein Sturm durch die grauen Reihen der DDR-Amateurszene. Mit ihrem kompromisslosen Sound und kritischen Texten sicherten sie sich schnell den begehrten Status einer „Amateurband der Sonderstufe". Das Ministerium runzelte die Stirn – die Fans rissen die Arme hoch. Was den Behörden ein Dorn im Auge war, war für das Publikum ein Befreiungsschlag: laut, direkt und alles andere als linientreu.

Die ersten Töne von Hardholz klangen noch stark nach Westwind – Scorpions und Iron Maiden standen musikalisch Pate, als Stephan Buchfeld (Gesang), Lutz Edelhäusser (Gitarre), Michael Brill (Bass) und Frank Brill (Schlagzeug) 1985 die ersten Proben in Tambach-Dietharz abhielten. Mit dem Einstieg von Lutz Rödiger als zweitem Gitarristen im Jahr 1988 schob sich die Klanglandschaft der Band weiter in Richtung Westen – härter, wuchtiger, kompromissloser. Spätestens jetzt wurde klar: Metallica war der neue Stern am Himmel der musikalischen Orientierung. Und Hardholz? Die fanden ihre eigene Umlaufbahn.

1988 durfte Hardholz erstmals zwei Songs für den Rundfunk der DDR einspielen – ein kleiner Triumph für eine Band, die bis dahin eher als Störfaktor denn als Kulturgut gegolten hatte. Doch schon ein Jahr später krachte es gewaltig im Machtgefüge zwischen Rockmusik und Regime. Der Song „Wieland, der Schmied", inspiriert von einer alten thüringischen Sage, wurde von den Zensoren als „zu blutrünstig" verurteilt – ein Verdikt, das nicht nur an der Oberfläche kratzte, sondern den Kern der Erzählung zerstörte. Hardholz musste den Text abschwächen, um den Song veröffentlichen zu dürfen. Die zensierte Version landete schließlich auf dem Sampler „Speed Up – Heavy News", erschienen beim Amiga-Nachfolger Zong. Ein Lied, das in seiner ursprünglichen Form vermutlich nie das Licht der DDR-Öffentlichkeit erblickt hätte.

1991 brachte Hardholz ein 8-Track-Demo heraus, das die musikalische Entwicklung der Band eindrucksvoll dokumentierte – ein rauer, ehrlicher Querschnitt durch Jahre voller Aufbrüche und Widerstände. Die Fachpresse zollte Respekt: Die Kritiken in den Metal-Magazinen waren durchweg positiv. Doch im selben Jahr verließ Gitarrist Lutz Rödiger die Band – ein Bruch, der sich auch auf die Dynamik der Gruppe auswirkte. Dennoch hielt Hardholz durch. 1996 erschien in Eigenregie das Album Jäger und Gejagte, ein kraftvolles Spätwerk, das trotz seiner Qualität kaum noch Gehör fand. Mangels Publikum und medialem Interesse löste sich die Band kurz darauf auf – leise, aber nicht ohne Nachhall.

Hardholz gehörten zu jenen raren Bands in der DDR, die sich nie dem Druck von oben beugten. Ihre Musik war laut, kantig, aufrichtig – ein Widerhall dessen, was viele dachten, aber nur wenige sagten. Mit Texten, die Missstände offen anprangerten, und einem Sound, der sich weder glättete noch anpasste, blieben sie stets sich selbst treu. Der große Durchbruch blieb ihnen zwar verwehrt, doch in der Thüringer Metal-Szene sind sie Legende – nicht wegen des Ruhms, sondern wegen ihrer Haltung. Sie haben ein Stück Thüringer Heavy-Metal-Geschichte in Stein gemeißelt – laut, unbequem und ohne Rücksicht auf Regeln. Sie haben gezeigt, dass harter Rock im Osten nicht nur möglich, sondern notwendig war.

Wissenswertes am Rande:

- Der Song „Wieland, der Schmied" basiert auf einer alten thüringischen Sage über einen Schmied, der blutige Rache an einem König nimmt.
- Hardholz waren berüchtigt für ihre energiegeladenen Live-Auftritte – roh, laut und intensiv.
- Die Band war nicht nur in ihrer Heimat aktiv, sondern spielte auch in zahlreichen ostdeutschen Städten und auf Festivals.

Macbeth (Caiman)

Macbeth – ein Name, der in der DDR für Reibung sorgte, für Rebellion, für laute Gitarren in einer leisen Gesellschaft. 1985 in Erfurt gegründet, schlugen sie einen kompromisslosen Weg ein: Heavy Metal, roh und ungeschönt, eine Klanggewalt gegen die verordnete Harmonie. Der Konflikt mit den Behörden war vorprogrammiert. Doch statt sich zu beugen, schrieben Macbeth ein Kapitel ostdeutscher Rockgeschichte – unvergessen, unbequem, unüberhörbar.

Als sich 1985 in Erfurt Tobias Nehmer (Gesang), Ralf Zeidler (Gitarre), Hanjo Papst (Bass) und Frank Fiebach (Schlagzeug) zusammentaten, war der Funke gezündet – Macbeth war geboren. Bald erweiterte ein zweiter Gitarrist das Line-up, und mit dem charismatischen D. Wittenberg betrat ein Sänger die Bühne, der die Energie der Band bündelte und ihr eine Stimme gab, die mitten ins Mark traf. Seine Präsenz war mehr als Gesang – sie wurde zum Markenzeichen einer Band, die mehr wollte als nur Musik machen.

Macbeth gehörten zu den ganz wenigen Bands, die sich in der DDR offen zum Heavy Metal bekannten. Ihr Sound war roh, unversöhnlich und laut – ein musikalischer Aufschrei gegen das Stumpfe und Regulierte. Ihre Texte, oft düster und voller Anklage, sprachen aus, was viele dachten, aber nur wenige zu sagen wagten. Damit trafen sie den Nerv einer jungen Generation, die zwischen Rebellion und Resignation nach einem Ventil suchte – und es in Macbeth fand.

Doch der grauen Apparatschik-Realität war der aufrührerische Sound von Macbeth ein Dorn im Ohr. Im November 1986, nach einem mittlerweile legendären Auftritt im Erfurter Stadtgarten, schlug das System zurück – die Band wurde kurzerhand verboten. Was folgte, war ein behördlicher Zermürbungskurs: Proben wurden untersagt, Auftritte blockiert, Mitglieder unter Druck gesetzt. Der Traum von Macbeth zerbrach – vorerst – an einem Staat, der keine lauten Fragen duldete.

Wer tiefer eintauchen will in das, was damals hinter den Kulissen geschah – fernab von Verstärkertürmen und dröhnenden Proben – sollte einen Blick auf die offizielle Macbeth-Homepage werfen. Unter dem Menüpunkt „History" findet sich ein erschütterndes Kapitel über die Stasi. Es dokumentiert minutiös, wie der Staat versuchte, eine Band zu brechen: mit Observation, Verhören und subtiler Zersetzung. Was dort steht, ist mehr als ein Eintrag in der Bandchronik – es ist ein Zeitzeugnis für die Angst des Systems vor einer elektrischen Gitarre.

Nach dem Verbot im November 1986 und dem darauf folgenden Exodus mehrerer Musiker schien das Kapitel Macbeth endgültig geschlossen. Die Band – zerschlagen, entmutigt, am Boden. Doch im April 1987 loderten die Flammen wieder auf. Aus dem Aschehaufen staatlicher Repression erhob sich eine neue Besetzung – nicht leiser, nicht angepasst, sondern mit demselben ungebrochenen Hunger nach Ausdruck, nach Widerstand, nach Musik. Macbeth war zurück – widerständig wie eh und je. Nun aber unter dem Namen Caiman.

Doch das neue Kapitel währte nicht lange. Ein dunkler Schatten legte sich über die Band, als der Sänger – Stimme und Seele der neuen Formation – sich das Leben nahm. Dieser tragische Verlust erschütterte die Musiker bis ins Mark. Im Dezember 1989, wenige Monate nach jenem erschütternden Einschnitt, zerfiel Macbeth erneut. Es war mehr als nur eine Auflösung – es war ein Verstummen.

Doch die Musik ließ die Gründungsmitglieder nicht los. 1993 wagten sie ein Comeback – ein Aufbäumen gegen das

Vergessen. Macbeth fand zu alter Stärke zurück, auf der Bühne wie im Proberaum, getragen von treuen Fans und einem ungebrochenen Willen. Doch das Schicksal schlug erneut zu: Der Schlagzeuger verstarb – und mit ihm verstummte die Band zum zweiten Mal.

Erst 2002 entschieden sich die Gründungsmitglieder, Macbeth noch einmal zum Leben zu erwecken. Im Januar 2003 standen sie wieder auf der Bühne – und wurden empfangen wie alte Helden. Die Konzerte waren ein Triumph, getragen von einer Woge der Begeisterung. Alte Weggefährten und neue Fans feierten die Rückkehr mit Inbrunst. Der Funke sprang über. Die Band zog ins Studio, um ein Demo aufzunehmen. Alte Songs wurden neu interpretiert, roh und druckvoll – als hätte Macbeth nie aufgehört zu existieren. Die Leidenschaft war ungebrochen, die Energie unvermindert.

Die Geschichte von Macbeth – später Caiman – ist mehr als nur ein Kapitel in der ostdeutschen Metal-Historie. Sie ist eine emotionale Berg- und Talfahrt voller Mut, Schmerz, Aufbegehren und Rückschlägen. Von bürokratischen Verboten über persönliche Tragödien bis hin zu gefeierten Comebacks – Macbeth haben nichts ausgelassen. Und doch: Es war stets die Liebe zur Musik, die sie trug. Macbeth wurde zum Synonym für Widerstand und Wiederkehr. Für eine Leidenschaft, die sich nicht unterkriegen lässt – nicht von der Staatsmacht, nicht vom Schicksal. Die Fans spürten das, damals wie heute. Und deshalb lebt diese Band – ob als Macbeth oder Caiman – in den Herzen weiter.

Nach der Wiedergeburt auf der Bühne kam der nächste große Schritt: das Studio. 2005, zwei Jahre nach ihrem triumphalen Comeback, traten Macbeth mit neuem Line-up und altem Feuer in die nächste Phase ihrer Reise ein. Mit Oliver „Olli"

Hippauf, bekannt von Moshquito, am Mikrofon, Ralf „Zeidler"
Klein und Roland Jurack an den Gitarren, Hanjo Papst am Bass
und Steffen Jurack am Schlagzeug war die Band so kampfbereit
wie nie. Im Spätsommer zogen sie sich zurück, um das aufzunehmen, was ihr erstes offizielles Studioalbum unter dem Namen Macbeth werden sollte – ein Manifest aus Stahl und Entschlossenheit. Die Aufbruchsstimmung war greifbar, die
Vergangenheit immer präsent, aber der Blick ging nach vorn.

Im März 2006 geschah, worauf viele Fans nicht mehr zu hof-
fen gewagt hatten: Macbeth veröffentlichten ihr selbstbetiteltes
Album – ein kraftvolles Lebenszeichen nach Jahrzehnten der
Umwege, Rückschläge und Neuanfänge. Die Resonanz war
überwältigend. Von Kritikern gelobt, von Fans gefeiert – als
hätte sich all die aufgestaute Energie der Vergangenheit in diesen Songs entladen. Die Musik war direkter, entschlossener,
unmissverständlich Macbeth. Kein Nostalgieprojekt, sondern
eine wütende, aufrichtige Kampfansage. Eine Band, die sich
neu erfand, ohne sich selbst zu verleugnen.

Der Januar 2008 brachte neue Gesichter und frischen Wind:
Alexander Kopp übernahm die Gitarre, Patrick W. Engel setzte
sich hinter das Schlagzeug – die Jurack-Brüder verabschiedeten
sich aus der Bandgeschichte. Doch anstatt zu stagnieren, nutzte
Macbeth diesen Umbruch als Chance. Mit ungebrochener Energie nahmen sie im Mai ein neues Demo auf – nicht nur als Be-
werbung bei Plattenfirmen, sondern als selbstbewusstes Zeichen: Wir sind noch da. Und wir haben noch etwas zu sagen.

Die Geschichte von Macbeth, zwischenzeitlich Caiman, ist
eine Chronik aus Leidenschaft, Widerstand und Wiedergeburt.
Sie erzählt von jungen Musikern, die in einem rigiden System
für ihre Überzeugung einstanden – und niemals aufgaben. Trotz

Verbote, Verluste und Rückschläge blieb eines immer bestehen: die Liebe zur Musik.

Macbeth haben bewiesen, dass selbst in einem Land voller Einschränkungen harter, ehrlicher Metal möglich war – und dass Musik eine Kraft ist, die nicht nur Mauern durchdringt, sondern auch Herzen verbindet. Als unerschütterlicher Teil der DDR-Rockgeschichte haben Macbeth/Caiman nicht nur Generationen von Fans begeistert – sie haben ein Vermächtnis hinterlassen. Denn wenn etwas überlebt, dann ist es wahre Leidenschaft. Und die stirbt nie.

Wissenswertes am Rande:

- Trotz mehrerer Pausen hat sich die Band immer wieder zusammengefunden – ein Zeugnis ihres ungebrochenen Zusammenhalts.
- Auch nach Jahrzehnten kann Macbeth/Caiman auf eine treue Fangemeinde zählen.
- In der Ostrock-Szene genießen sie längst Legendenstatus.

MCB war eine Band, die sich in der DDR nicht in ein Raster zwängen ließ. Gegründet 1983 in Magdeburg, vereinten sie die raue Energie von Motörhead mit dem Groove von ZZ Top – ein Sound, irgendwo zwischen Heavy Metal, Speed Metal und dreckigem Rock 'n' Roll, ungestüm, kantig und unverwechselbar.

Charlie Ludwig (Gesang, Gitarre) und Bernd Schilanski (Schlagzeug) legten 1983 den Grundstein – wenig später kam Bassist Mike Demnitz dazu. Aus ihren Initialen entstand der schlichte, aber einprägsame Bandname: MCB. Ein Konzertmitschnitt vom 28. Januar 1985 im Klubhaus von Schönebeck brachte den Durchbruch: Der Rundfunk wurde hellhörig, die staatliche Plattenfirma Amiga zeigte Interesse – eine eigene LP schien zum Greifen nah.

Für ihre geplante LP wagte MCB ein ungewöhnliches Experiment: Sie nahmen mehrere Songs in einem leerstehenden Schwimmbecken auf – der Klang sollte roh, hallend und einzigartig sein, wie ihr Sound. Die Bänder waren fertig, die Songs bereit. Doch dann grätschte die Realität der DDR-Kulturpolitik dazwischen: Die Veröffentlichung wurde abgelehnt – offiziell, weil Inhalt und Klangbild nicht den Vorgaben entsprachen. Immerhin flackerten die „Schwimmbad-Songs" einmal kurz auf, bei der Sendung Duett – Musik für den Rekorder. Danach: wieder Stille. Fast wie ein Echo, das in Betonwänden verklingt.

Anfang 1986 krachte es hinter den Kulissen: Zwischen Mike Demnitz und Charlie Ludwig gingen musikalisch die Meinungen auseinander – einer dieser typischen Band-Momente, wo Vision auf Vision prallt. Mit Sebastian Baur, zuvor bei der Band Keks aktiv, kam frisches Blut in die Truppe. Er übernahm Gitarre und Gesang und brachte neuen Drive in die Band. Noch im selben

Jahr schnitt der Rundfunk ein weiteres MCB-Konzert für die legendäre Beatkiste mit. Und als Krönung: Im Dezember 1986 durfte MCB den Song Heavy Mörtel Mischmaschine als offizielle Rundfunkproduktion aufnehmen – ein Stück, das so klang, als hätte Lemmy persönlich eine Betonmischmaschine zum Grooven gebracht. Im März 1987 kam es dann zur nächsten Umbesetzung: Bernd Schilanski stieg aus, Jörg Borchert übernahm die Drums.

Nach dem personellen Umbruch verlagerte die Band ihren Lebensmittelpunkt nach Dresden – und mit ihm auch ihren Sound. Speed Metal, eine Prise Black Metal und jede Menge rotziger Rock 'n' Roll bildeten nun das Fundament von MCB. Kreativ ließen sie sich nicht einschränken: Mit dem Lied des Galgenbruders an Sophie das Henkersmädel vertonten sie ein düster-skurriles Gedicht von Christian Morgenstern und bewiesen damit, dass auch Lyrik ein Zuhause im Metal finden kann. 1988 tauchte die Band sogar als Kleindarsteller im DEFA-Film Mit Leib und Seele auf – ein kleines Kuriosum in der Filmgeschichte der DDR. Und wieder stand eine Langspielplatte im Raum. Wieder wurde sie geplant. Und wieder blieb sie ein Traum. Die Geschichte wiederholt sich eben manchmal – erst recht im Osten.

Im Mai 1989 verließ Sebastian Baur die Band – ein weiterer Einschnitt, ein weiteres Kapitel. Mit Jens Berg kam ein neuer Mann an Bord, und erneut nahm MCB Songs für den Rundfunk auf. Darunter Fest des Wüstlings, erneut eine düster-ironische Hommage an Christian Morgenstern. Der Wille zur Kunst blieb, auch wenn die Zeiten rauer wurden. Im Sommer 1990 wurde das Line-up durch Erik Sommer, Maik Zühlke und Andreas Glück – alle Ex-Danger – erweitert. Der Sound wurde härter, schneller, thrashiger – doch der Erfolg wollte sich nicht einstellen. Ein

Demo wurde aufgenommen, ein Vertrag mit K&P-Records war greifbar nah, doch zerschlug sich. So blieb MCB weiter ein Geheimtipp – laut, unbequem und ungebändigt.

In den Jahren 2000 und 2001 wagte MCB einen neuen Anlauf – mit der Besetzung von 1987 und Angela Ullrich (Ex-Na und) als zweiter Schlagzeugerin. Es war ein Versuch, die alte Magie noch einmal aufleben zu lassen, doch die große Rückkehr blieb aus. Sebastian Baur fand bei Knorkator eine neue Heimat, wo er seit 1996 mit Witz und Wucht das Publikum begeistert. Mike Demnitz hingegen hielt an der Vision von MCB fest: Unter dem Namen Bassbomber lässt er die Band in neuer Form weiterleben – gemeinsam mit Mike Zühlke und Basti Pfund. Keine Rückkehr ins Rampenlicht, vielleicht, aber ein Zeichen, dass Leidenschaft nicht an Publikumsmengen gebunden ist.

MCB gehörten zu jenen Bands, die sich weder in die Klangnormen der DDR-Rocklandschaft noch in die Erwartungshaltung der Plattenbürokratie pressen ließen. Ihr rauer, mal humorvoller, mal abgründiger Sound – irgendwo zwischen Speed, Metal und Rock 'n' Roll – machte sie zu einem echten Unikat. Vielleicht war der große Durchbruch nie ihr Ziel. Was bleibt, ist der Status einer Kultband im ostdeutschen Underground – geschätzt, bewahrt und von ihren Fans bis heute verehrt.

Wissenswertes am Rande:

- Stilistisch ungebunden: MCB liebten das Spiel mit den Metal-Spielarten – von Speed bis Black, von Riffgewitter bis Groovemaschine.
- Humor ist, wenn's kracht: Ihre Texte balancierten oft zwischen Ironie, Absurdität und

Gesellschaftsspiegel – irgendwo zwischen Motörhead und Morgenstern.

- Die Besetzung? Ein ewiger Wandel – aber immer mit Herzblut.
- Auch heute noch taucht der Geist von MCB in neuen Projekten auf – unter anderem als Bassbomber. Die Maschine läuft weiter.

QUELLEN

- Arte-Doku: Heavy Metal Kingdom - Wie britische Bands den Rock aufmischten; Regie: Sophie Peyrard; 2024
- Red Metal: Die Heavy-Metal-Subkultur der DDR; Nikolai Okunew
- Doku: The True Story of Punk; Regie: Jesse James Miller; 2019
- Ostmetal.de
- Artikel von Wikipedia (Kapitel 1: Blues, Rock´n´Roll, Bluesrock, Country, Rockabilly, Psychobilly, Hardrock, Punk Kapitel 2: Black Sabbath, Deep Purple, Led Zeppelin, Motörhead, Thin Lizzy, Angel Witch, Def Leppard, Diamond Head, Girlschool, Iron Maiden, Judas Priest, Rock Goddess, Saxon, Tygers of Pan Tang, Venom, Accept, Grave Digger, Helloween, Manowar, Running Wild, Kreator, Metallica, Slayer, Sodom, Berluc, Formel 1, Hardholz, Macbeth (Caiman), MCB